"十三五"职业教育新能源汽车专业"互联网＋"创新教材

电动汽车动力系统原理与维修（配实训工单）

主　编　罗　旭　李　娟

副主编　许　云

参　编　孙　茜　　苏海峰　　骆颖哲　　李巾帅　　陈　璐

宋贵君　　赵振宁　　刘映凯　　黄鹏超　　王洪广

冯竞祥　　侯文胜　　周羽皓　　欧阳淼娃　王传立

机械工业出版社

本书是"十三五"职业教育新能源汽车专业"互联网＋"创新教材。本书为理实一体化教材，包括理论知识和实训工单两部分，分别单独装订成册，方便使用。理论知识包括电动汽车动力系统概述、电动汽车与MCU通信丢失故障检修、电动汽车底盘故障检修、电动汽车电机故障检修四个项目。实训工单部分分别对应每个项目，每个实训工单以接收工作任务、信息收集、制订计划、计划实施、质量检查、评价反馈为主线，结合理论知识内容进行实践操作，形成理实一体化教学模式。

　　本书彩色印刷、图片清晰美观、内容新颖全面，同时运用了"互联网＋"形式，在理论知识部分以二维码的形式嵌入视频、动画，方便读者理解相关知识，以便更深入地学习。

　　本书可作为职业院校新能源汽车、汽车维修等相关专业的教学用书，也可作为汽车维修企业内部培训资料，还可作为汽车维修技术人员和4S店工作人员的参考用书。

　　为便于教学，本书配套有电子课件、实训工单答案等教学资源，凡选用本书作为授课教材的教师均可登录 www.cmpedu.com 注册后免费下载，或咨询编辑电话：010-88379201。

图书在版编目（CIP）数据

电动汽车动力系统原理与维修：配实训工单/罗旭，李娟主编.
—北京：机械工业出版社，2018.1（2024.1重印）
　"十三五"职业教育新能源汽车专业"互联网＋"创新教材
　ISBN 978-7-111-58834-4

　Ⅰ.①电…　Ⅱ.①罗…②李…　Ⅲ.①电动汽车－动力系统－原理－职业教育－教材②电动汽车－动力系统－维修－职业教育－教材　Ⅳ.①U469.72

中国版本图书馆CIP数据核字（2018）第000070号

机械工业出版社（北京市百万庄大街22号　邮政编码100037）
策划编辑：师　哲　责任编辑：师　哲
责任校对：王　延　封面设计：张　静
责任印制：刘　媛
北京瑞禾彩色印刷有限公司印刷
2024年1月第1版第9次印刷
184mm×260mm·10.5印张·242千字
标准书号：ISBN 978-7-111-58834-4
定价：44.80元

特 别 鸣 谢

新能源汽车技术对于职业教育来说是个全新的领域，北京新能源汽车股份有限公司一直十分关注我国职业教育的发展，充分体现了国有企业的社会责任。目前，职业教育新能源汽车专业教材相对较少，为响应国家培养大国工匠的号召，北京新能源汽车股份有限公司组织编写了职业教育新能源汽车专业系列教材，并由北京运华科技发展有限公司负责开发了课程体系。在编写过程中，北京新能源汽车股份有限公司提供了大量的技术资料，给予了专业技术指导，保证了本书成为专业针对性强、适用读者群体范围广的职业教育新能源汽车专业的实用教材，尤其是杨加彪、窦银忠、陈圣景、张国敏、李春洪等提出了大量的意见和建议。在此，对北京新能源汽车股份有限公司及北京运华科技发展有限公司在本书编写过程给予的所有支持和帮助表示由衷的感谢！

机械工业出版社

二维码索引

序　号	名　　称	二　维　码	页　码
1	动力系统构成		2
2	冷却系统的结构		10
3	电动水泵的结构		10
4	北汽新能源 EV160/200 冷却系统工作原理		10
5	三相异步电机的结构		14
6	永磁同步电机驱动原理		32
7	电机控制器的结构		57
8	驱动电机系统控制策略简介		63

（续）

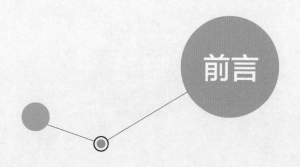

前言

　　随着汽车工业高速发展，汽车带来的环境污染、能源短缺等问题日益突出。为了保持国民经济的可持续发展，我国已将新能源汽车作为国家战略性新兴产业。目前，新能源汽车产业已经得到了国家政策和资金的大力扶持，因此发展十分迅速。目前，潜力巨大的新能源市场已经形成，新模式必然产生新市场，新市场需要大量的新能源汽车技术人员。

　　新能源汽车技术对于职业教育来说是个全新的领域。为满足新能源汽车市场对新能源汽车人才的需求以及职业院校新能源汽车专业的教学要求，突出职业教育的特点，北汽新能源汽车股份有限公司牵头组织编写了本系列教材。本系列教材是采用"基于工作过程"的方法开发的。在对新能源汽车技术技能人才岗位进行调研的基础上，分析出岗位典型工作任务，然后根据典型工作任务提炼了行动领域，在此基础上构建了工作过程系统化的课程体系。为方便职业院校开展一体化教学和信息化教学，本系列教材中每一本教材都包括理论知识和实训工单两部分，理论知识以项目任务引领，每个任务以知识储备为主线，辅以知识拓展来丰富课堂教学。实训工单部分分别对应每个项目，每个实训工单以接收工作任务、信息收集、制订计划、计划实施、质量检查、评价反馈为主线，结合理论知识内容进行实践操作，形成理实一体化的教学模式。同时在理论知识部分运用了"互联网＋"技术，在部分知识点附近设置了二维码，使用者用智能手机进行扫描，便可在手机屏幕上显示和教学资料相关的多媒体内容，可以方便读者理解相关知识，以便更深入地学习。

　　本书包括理论知识和实训工单两部分，两部分内容单独成册，构成一个整体。本书理论知识主要包括电动汽车动力系统概述、电动汽车与 MCU 通信丢失故障检修、电动汽车底盘故障检修、电动汽车电机故障检修。实训工单部分对应理论知识的每个项目任务，以接收工作任务、信息收集、制订计划、计划实施、质量检查、评价反馈为主线，对教学内容进行巩固，同时以实践操作为依托，使学习者达到理实一体化的目的。

　　本书由罗旭、李娟担任主编，许云任副主编。其他参与编写的还有孙茜、苏海峰、骆颖哲、李巾帅、陈璐、宋贵君、赵振宁、刘映凯、黄鹏超、王洪广、冯竞祥、侯文胜、周羽皓、欧阳森娃、王传立。

　　在本书编写过程中，北汽新能源股份有限公司提供了大力的支持，北京运华科技发展有限公司也提供了大量的资料，在此表示衷心的感谢。

　　由于编者水平有限，书中难免有错漏之处，敬请读者批评指正。

编者

目录

Project 1

项目一

电动汽车动力系统概述

电动汽车动力系统结构认知

学习目标

1. 掌握电动汽车动力系统的结构。
2. 掌握电动汽车动力系统各部件的作用。
3. 掌握电动汽车动力传递路线。
4. 掌握电动汽车动力系统的功能模式。
5. 掌握电动汽车动力系统中冷却系统的作用和结构组成。

知识储备

一、动力系统的结构

电动汽车的动力系统由驱动电机系统和减速器组成。驱动电机系统是电动汽车三大核心部件之一，是车辆行驶的主要执行机构，其特性决定了车辆的主要性能指标，直接影响车辆动力性、经济性和用户驾乘感受。可见，驱动电机系统是电动汽车中十分重要的部件，其由驱动电机（DM）、驱动电机控制器（MCU）组成，通过高低压线束与整车进行电气连接，通过冷却管路与整车散热系统连接。驱动电机系统结构连接如图1-1所示。

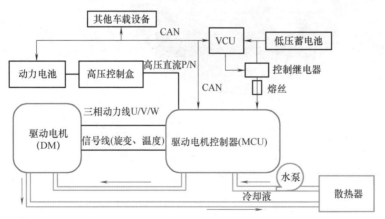

图1-1 驱动电机系统结构连接示意图

动力系统构成

二、动力系统各部件的作用

1. 驱动电机

北汽新能源 EV160 电动汽车的 C33DB 驱动电机采用永磁同步电机（PMSM），如图 1-2

所示。具有效率高、体积小、重量轻及可靠性高等优点；是动力系统的重要执行机构，是电能与机械能转化的部件，且自身的运行状态等信息可以被采集到驱动电机控制器，依靠内置传感器（旋转变压器和温度传感器）来提供电机的工作信息。

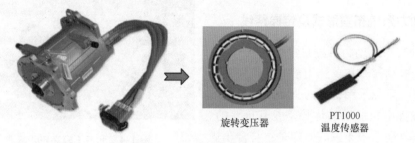

旋转变压器　　　　PT1000
温度传感器

图1-2　永磁同步电机的组成

（1）旋转变压器　用以检测电机转子位置，控制器解码后可以获知电机转速。

（2）温度传感器　用以检测电机的绕组温度，当控制器检测到温度过高时，会控制电机降低转速，避免电机过热。

2. 电机控制器 MCU

MCU 是驱动电机系统的控制中心，又称智能功率模块，负责控制电机的旋转方向，实现电动汽车的前进、倒退，以维持电动汽车的正常运转，功能是控制电流的工作，保证能够按照驾驶人的意愿输出合适的电流参数。以 IGBT（绝缘栅双极型晶体管）模块为核心，辅以驱动集成电路、主控集成电路。对所有的输入信号进行处理，并将驱动电机控制系统运行状态的信息通过 CAN 网络发送给整车控制器 VCU。

MCU 的另一个重要功能是故障诊断功能，驱动电机控制器内含故障诊断电路，当诊断出异常时，它将会激活一个错误代码，发送给整车控制器，同时也会存储该故障码和数据。

MCU 会采集以下传感器提供给驱动电机系统的工作信息，包括电流传感器、电压传感器和温度传感器，如图1-3 所示。

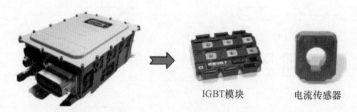

IGBT模块　　　　电流传感器

图1-3　电机控制器 MCU

（1）电流传感器　用以检测电机工作的实际电流（包括母线电流、三相交流电流）。

（2）电压传感器　用以检测供给电机控制器工作的实际电压（包括动力电池电压、12V 蓄电池电压）。

（3）温度传感器　用以检测电机控制系统的工作温度（包括 IGBT 模块温度、电机控制器板载温度）。

3. 减速器

北汽新能源 EV160 电动汽车与 C33DB 驱动电机搭载的减速器总成型号为 EF126B02，如

图 1-4 所示。主要功能是将整车驱动电机的转速降低、转矩升高，以实现整车驱动电机的转速、转矩需求。

图 1-4　北汽 EF126B02 减速器

三、动力系统布置形式及传递路线

1. 电动汽车的动力系统布置形式

由于纯电动汽车是单纯用蓄电池作为驱动能源的汽车，所以采用合理的驱动系统布置形式来充分发挥电机驱动的优势是尤其重要的。纯电动汽车驱动系统布置的原则是：符合车辆动力学对汽车重心位置的要求，并尽可能降低车辆质心高度。特别是对于采用轮毂电机驱动实现"零传动"方式的纯电动汽车，不仅去掉了发动机、冷却系统、排气消声系统和油箱等相应的辅助装置，还省去了变速器、驱动桥及所有传动链，既减轻了汽车自重，也留出了许多空间，其结构可以说发生了根本性的变化。车辆的整个结构布局需重新设计并全面考虑各种因素。

电动汽车的驱动系统布置形式主要有传统的驱动方式、电机-驱动桥组合式驱动方式、电机-驱动桥整体式驱动方式、轮毂电机分散驱动方式四种。

（1）传统驱动方式　如图 1-5 所示，该方式仍然采用内燃机汽车的驱动系统布置方式，包括离合器、变速器、传动轴和驱动桥等总成，只是将内燃机换成电机，属于改造型电动汽车。这种布置方式可以提高电动汽车的起动转矩，增加低速时电动汽车的后备功率。这种驱动系统布置形式有电机前置-驱动桥前置（F-F）、电机前置-驱动桥后置（F-R）等驱动模式。但是，这种驱动系统布置形式结构复杂、效率低，不能充分发挥驱动电机的性能。在此基础上，还有一种简化的传统驱动系统布置形式，如图 1-6 所示，采用固定速比减速器，去掉离合器，这种驱动系统布置形式可减小机械传动装置的重量，缩小其体积（北汽 EV200 即采用这种布置形式）。

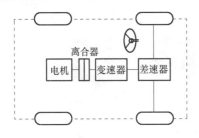

图 1-5　传统驱动系统布置形式

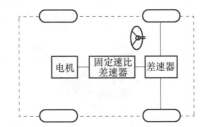

图 1-6　简化的传统驱动系统布置形式

由于采用了调速电机，其变速器可相应简化，档位数一般有 2 个就够了，倒档也可利用驱动电机的正反转来实现。驱动桥内的机械式差速器使得汽车在转弯时左右车轮以不同的转速行驶。这种模式主要用于早期的电动汽车，省去了较多的设计，也适于对原有汽车的改造。

（2）电机-驱动桥组合式驱动方式　这种方式即在驱动电机端盖的输出轴处加装减速齿轮和差速器等，电机、固定速比减速器、差速器的轴互相平行，一起组合成一个驱动整体。

它通过固定速比的减速器来放大驱动电机的输出转矩，但没有可选的变速档位，也就省掉了离合器。这种布置形式的机械传动机构紧凑，传动效率较高，便于安装。但这种布置形式对驱动电机的调速要求较高。按传统汽车的驱动模式来说，可以有驱动电机前置-驱动桥前置（F-F，如图1-7a所示）或驱动电机后置-驱动桥后置（R-R，如图1-7b所示）两种方式。这种方式具有良好的通用性和互换性，便于在现有的汽车底盘上安装，使用、维修也较方便。丰田"RAV4 EV"电动汽车即采用此种形式，如图1-8所示。

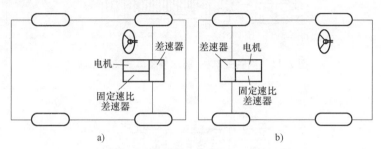

图1-7　电机-驱动桥组合式驱动系统布置形式

a）F-F式　b）R-R式

（3）电机-驱动桥整体式驱动形式　这种驱动形式与发动机横向前置-前轮驱动的内燃机汽车的布置形式类似，把电机、固定速比减速器和差速器集成为一个整体，两根半轴连接驱动车轮。电机-驱动桥整体式驱动形式有同轴式（见图1-9）和双联式（见图1-10）两种。

如图1-11所示，同轴式驱动系统的电机轴是一种特殊制造的空心轴，在电机左端输出轴处的装置有减速齿轮和差速器，再由差速器带动左右半轴，左半轴直接带动，而右半轴通过电机的空心轴来带动。

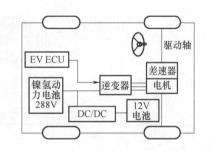

图1-8　丰田"RAV4 EV"的系统构成

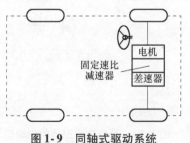

图1-9　同轴式驱动系统

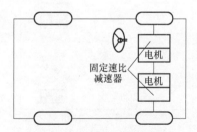

图1-10　双联式驱动系统

如图1-12所示，双联式驱动系统也称为双电机驱动系统，由左右2台永磁电机直接通过固定速比减速器分别驱动两个车轮，左右2台电机由中间的电控差速器控制，每个驱动电机的转速可以独立地调节控制，便于实现电子差速，不必选用机械差速器。

同样，电机-驱动桥整体式驱动系统在汽车上的布局也有电机前置-驱动桥前置（F-F）和电机后置-驱动桥后置（R-R）两种驱动模式。该种模式具有结构更紧凑，传动效率高，重量轻，体积小，安装方便的特点，并具有良好的通用性和互换性，在小型电动汽车上普遍

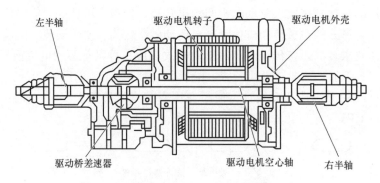

图 1-11 同轴式电机-驱动桥整体式驱动系统

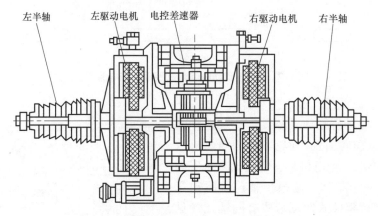

图 1-12 双联式电机-驱动桥整体式驱动系统

应用。

（4）轮毂电机分散驱动式驱动形式 轮毂电机直接装在汽车车轮里，主要有内定子外转子和内转子外定子两种结构，如图 1-13 和图 1-14 所示。

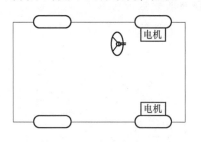

图 1-13 直流驱动式电动轮
（内定子外转子）

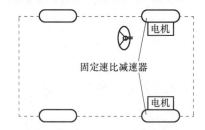

图 1-14 带轮边减速器的电动轮
（内转子外定子）

如图 1-15 所示，内定子外转子轮毂电机分散驱动式采用低速内定子外转子电动轮，其外转子直接安装在车轮的轮缘上，可完全去掉变速装置，驱动电机转速和车轮转速相等，车轮转速和车速控制完全取决于驱动电机的转速控制。由于不通过机械减速，通常要求驱动电机为低速大转矩电机。低速内定子外转子电机结构简单，无须齿轮变速传动机构，但其体积大、质量大、成本高。

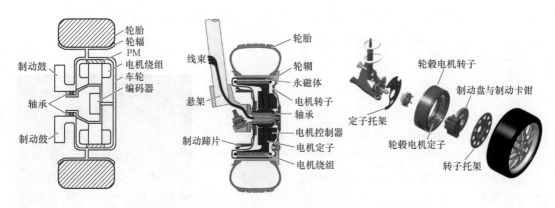

图 1- 15　内定子外转子电动轮

如图 1- 16 所示，内转子外定子轮毂电机分散驱动式采用一般的高速内转子外定子电动轮，其转子作为输出轴与固定减速比的行星齿轮变速器的太阳轮相连，而车轮轮毂通常与其齿圈连接，它能提供较大的减速比，来放大其输出转矩。驱动电机装在车轮内，形成轮毂电机，可进一步缩短从驱动电机到驱动轮的传递路径。采用高速内转子电机（转速约 10000r/min），需装固定速比减速器来降低车速，一般采用高减速比行星齿轮减速装置，安装在电机输出轴和车轮轮缘之间，且输入和输出轴可布置在同一条轴线上。高速内转子电机具有体积小、质量轻和成本低的优点，但它需要增加行星齿轮变速机构。

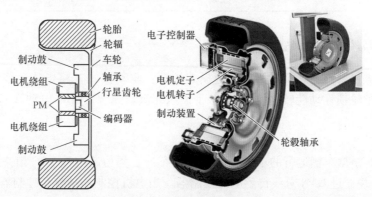

图 1- 16　内转子外定子电动轮

采用轮毂电机驱动可大大缩短从驱动电机到驱动车轮的传递路径，不仅能腾出大量的有效空间便于总体布局，而且对于前一种内定子外转子结构，也大大提高了对车轮的动态响应控制性能。每台驱动电机的转速可独立调节控制，便于实现电子差速。既省去了机械差速器，也有利于提高汽车转弯时的操控性。轮毂电机分散驱动在汽车上的布置方式可以有双前轮驱动、双后轮驱动和四轮驱动（4WD）等模式。轮毂电机分散驱动方式应是未来电动汽车驱动系统的发展方向。

2. 电动汽车的动力传递路线

以北汽新能源 EV160 电动汽车为例介绍动力传递路线，动力传递路线如图 1-17 和表 1-1 所示。动力电池将 332V 左右的直流高压电输给高压控制盒，高压控制盒通过电机控制器正负继电器将直流高压电输给电机控制器，电机控制器将 332V 直流高压电转变为电机用的交流高压电，电机再将电能转换为机械能，驱动二级主减速器（见图1-18）运转，经过差速器带动两半轴转动，最终带动车轮转动。

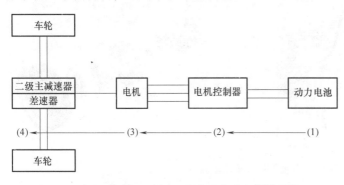

图1-17 北汽新能源EV160电动汽车动力传递路线图　　　　图1-18 二级主减速器

表1-1 北汽新能源EV160电动汽车动力传递路线

(4)	(3)	(2)	(1)
来自于电机的转矩通过一个二级主减速器和差速器将动力输出到车轮	为了产生驱动转矩，来自于电机控制器的交流电被转换为磁能和磁场	动力电机控制器依靠功率器件IGBT将电池的直流电转换为交流电	动力电池直流电输入到电机控制器

四、动力系统的功能模式

电动汽车动力系统能够实现两种功能模式，即：驱动模式（将电能转换为机械能）和发电模式（将车轮惯性动能转化为电能），下面以北汽新能源EV160电动汽车为例来介绍两种工作模式。

1. 驱动模式

整车控制器根据车辆运行的不同情况，包括车速、档位、电池SOC值来决定电机的输出转矩/功率，并通过CAN总线传给电机控制器。当电机控制器从整车控制器处得到转矩输出命令时，将动力电池提供的直流电，转化成三相正弦交流电，驱动电机输出转矩，通过机械传输来驱动车辆，其驱动模式如图1-19所示。

2. 发电模式

整车控制器根据车辆制动或减速情况，包括车速、档位、制动踏板信号来决定电机是否进入发电模式，通过CAN总线传给电机控制器。当电机控制器判断处于发电模式命令时，将控制电机处于发电状态。此时电机将车辆动能转化为交流电，并通过电机控制器整流后变为动力电池需要的直流电，给动力电池充电。其发电模式如图1-20所示。

五、电动汽车冷却系统

1. 冷却系统的作用

电动汽车冷却系统的作用是冷却电机和电机控制器或蓄电池等部件，从而保证其能够在允许的温度范围内正常工作，否则，一旦电机和电机控制器温度过高会停止对外的动力输出。

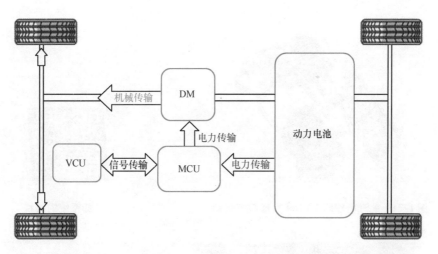

图 1-19　北汽新能源 EV160 驱动电机系统驱动模式示意图

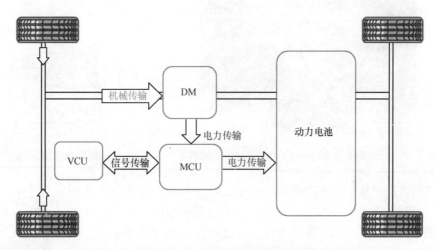

图 1-20　北汽新能源 EV160 驱动电机系统发电模式示意图

电机和电机控制器工作时会产生损耗和热量。电机工作时，电流流过定子绕组会产生铜损耗；在铁心内当磁通变化时会产生铁损耗；轴承摩擦会产生机械损耗及附加损耗。电机产生的热量，首先通过传导方式传送到电机的外表面，然后借辐射和对流作用将热量从电机外表面散发到周围冷却介质中去。电机的冷却情况决定了电机的温升，温升又直接影响电机的使用寿命和额定容量。电机的冷却介质采用防冻液等。电机控制器内有大功率 IGBT，IGBT 的发热决定于本身换流损耗，频率越高损耗越大，工作时会发出大量的热，如果不能及时冷却，会损坏。

2. 北汽新能源 EV160 电动汽车冷却系统的组成

北汽新能源 EV160 电动汽车的冷却系统主要由电机、电机控制器、散热器总成、水泵总成、储液罐及冷却液管路组成，如图 1-21 所示。

电动水泵是整个冷却系统的唯一动力源，负责为冷却液的循环提供动能；电动水泵采用的是直流无刷离心水泵，由泵壳、水泵叶轮、轴承、驱动电机和控制器构成。电动水泵在车上的布置如图 1-22 所示。

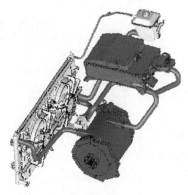

图 1-21　北汽新能源 EV160 冷却系统结构

冷却系统的结构

电动水泵

图 1-22　北汽新能源 EV160 电动水泵在车上的布置

电动水泵的结构

冷却液的流向是从散热水箱下部出来后，经水泵后先冷却电机控制器，从电机控制器流出的冷却液进入到电机的冷却管路中，最后回流到散热水箱的上回流口，形成水循环系统，保证了控制器的冷却要求，使电机控制器得到整个系统最低温度的冷却液。

北汽新能源 EV160/200
冷却系统工作原理

知识拓展

一、北汽新能源新款 EV160 PDU 的组成

PDU（高压配电箱/高压配电盒，Power Distribution Unit）总成由 DC/DC 变换器、充电机和高压控制盒组成，如图 1-23 所示。

（1）DC/DC 变换器　将高压直流电变换成低压直流电供整车的低压负载使用，且可以对低压铅酸电池进行充电。新款 EV160 的 DC/DC 变换器负责将 320V 高压直流电转换成低压提供给车载低压用电设备，如蓄电池、EPS 等。

（2）充电机　将商用交流电源转换为电动汽车充电电池的高压直流电。交流输入电源须可支持 110V

图 1-23　PDU 总成

和220V（50/60Hz）。固定安装在电动汽车上，具有为电动汽车动力电池安全、自动充满电的能力，充电机依据电池管理系统（BMS）提供的数据，能动态调节充电电流或电压参数，执行相应的动作，完成充电过程。

（3）高压控制盒 高压控制盒对电池包体中巨大的能量进行控制，相当于一个大型电闸，通过继电器的吸合来控制电流的通断，将电流进行分流等，完成动力电池高压电源的输出及分配，实现对支路用电器的保护及切断。

二、配置 PDU 的电动汽车冷却系统的组成

北汽新能源 2015 款 EV160 电动汽车与老款 EV160 相比，最大的不同就是将车载充电机、高压控制盒和 DC/DC 变换器集成到一个控制单元 PDU 中，这样使得整车集成度更高，前舱结构布置更方便。

由于 PDU 是由三个高压控制部件整合在一个控制盒内，使得 PDU 的散热成为一个问题。在老款 EV160 中，DC/DC 变换器采用壳体表面制成散热片式的，利用风冷散热；车载充电机中配有散热风扇，利于风冷散热。而将其整合到一起后，单纯靠自然风冷方式不能满足 PDU 的散热要求，所以增加了水冷却系统，新款 EV160 冷却系统组成如图 1-24 所示。

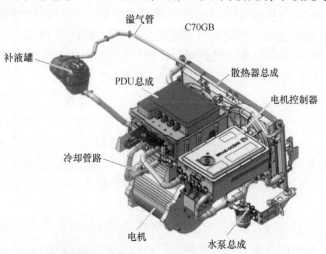

图 1-24 新款 EV160 冷却系统组成

任务二 电机的结构及拆装

学习目标

1. 了解电动汽车常用电机的分类。
2. 掌握直流电机的结构组成。
3. 掌握三相异步电机的结构组成。
4. 掌握永磁同步电机的结构组成。
5. 掌握开关磁阻电机的结构组成。

一、电动汽车常用电机的分类

1. 电机的概念

电机是将电能转换成机械能或将机械能转换成电能的装置，它具有能做相对运动的部件，是一种依靠电磁感应而运行的电气装置。

发电机是将机械能转换为电能，而电动机则是将电能转换为机械能。另一种电机是变压器，它可以改变交流电的电压。电动机与发电机的区别如图1-25所示。一台电机既可以做电动机运行，也可以做发电机运行。

图1-25　电动机与发电机的区别

2. 电动汽车对驱动电机系统的要求

驱动电机及其控制器构成的驱动电机系统是电动汽车技术的核心之一。由于电动汽车工况复杂、工作环境恶劣，故驱动电机系统应满足下列要求。

1）瞬时功率大、过载能力强（过载4~5倍），低速下输出大转矩，转矩控制的动态性能要好，以适应车辆的起动、加速、负荷爬坡、频繁起停等复杂工况。

2）高速时能够恒功率运行，能有较大的调速范围，以适应平坦的路面、超车等高速行驶要求。

3）全转速运行范围内的效率最优化，且在汽车减速时能够实现再生制动，将能量回收并反馈回电池，使得电动汽车具有最佳能量的利用率，并且体积小、重量轻，以提高车辆的续航里程。

4）结构坚固，抗振动，可靠性高，使用维修方便，以适应较恶劣的环境。

5）结构简单、价格便宜、以适应大批量生产。

3. 电动汽车常用电机分类

根据产生或使用电能种类的不同，电机可分为直流电机和交流电机两大类。交流电机可分为异步电机和同步电机两种。异步电机又有单相和三相两种，而三相异步电机又分为笼型和绕线型。

目前正在应用或开发的电动汽车选用的驱动电机主要有有刷直流电机、异步电机、无刷直流电机、永磁同步电机、开关磁阻电机五大类型，如图1-26所示。

图1-26　电动汽车常用电机分类

a）有刷直流电机　b）异步电机　c）无刷直流电机　d）开关磁阻电机　e）永磁同步电机

二、直流电机

1. 直流电机的结构

直流电机主要由定子、转子及换向器组成，如图 1-27 所示。

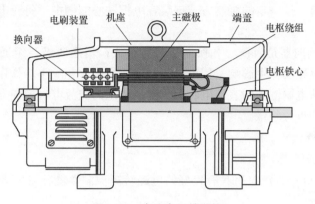

图 1-27 直流电机的结构

（1）定子 直流电机的定子主要构成是主磁极和电刷组件，如图 1-28 所示。

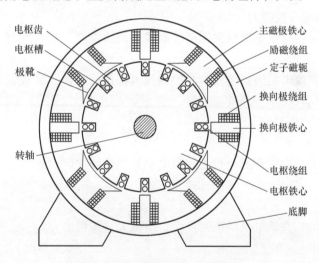

图 1-28 直流电机横向剖面图

1）主磁极：主磁极的作用是在定子和转子之间的气隙中建立磁场，使得通电电枢产生电磁转矩。主磁极铁心通常由厚度为 0.5～1mm 的低碳钢板冲片叠压铆接而成，主磁极铁心柱体部分称为极身，靠近气隙一端较宽的部分称为极靴，极靴与极身交界处形成一个突出的肩部，用以支撑励磁绕组，整个主磁极用螺杆固定在机座上。在磁极铁心上绕有励磁绕组。主磁极总是成对出现，通电后形成 N 极和 S 极互相间隔排列。

2）电刷组件：电刷的作用是将直流电引向转动的电枢绕组，并与换向器配合，使得电枢绕组的电流及时换向，以产生方向不变的电磁转矩。电刷组件由电刷、刷架、电刷弹簧等组成，电刷架固定在端盖上。

（2）转子 直流电机的转子也称为电枢，由电枢铁心和电枢绕组构成，转子总成还包括换向器。

1）电枢铁心：电枢铁心由厚度 0.35～0.5mm 的硅钢片叠装而成，铁心本身构成电机主磁路的一部分，铁心上面的槽用来嵌装电枢绕组。

2）电枢绕组：通电后，电枢绕组在磁场中产生电磁转矩，电磁转矩带动电枢绕组运动。电枢有多匝绕组，按一定的绕制方式嵌装在电枢铁心的槽中。每匝电枢绕组都与换向片连接形成闭合回路。

（3）换向器　换向器是由铁心和换向极绕组组成，当换向极绕组通过直流电流后，它所产生的磁场对电枢磁场产生影响，使电刷与换向片之间火花减小。作用是使电枢绕组中的电流及时换向，将从电刷输入的直流电转换为电枢绕组的交流电。换向器是由许多铜片组成的，各铜片之间用云母片绝缘。

2. 直流电机的特点

（1）直流电机的优点

1）调速性能良好：直流电机具有良好的电磁转矩控制性能，可实现无级调速，具有较宽的调速范围。

2）起动性能好：直流电机具有较大的起动转矩。

3）具有较宽的恒功率范围：直流电机恒功率输出范围较宽，可确保电动汽车具有较好的低速起动性能和高速行驶能力。

4）控制较为简单：直流电机可采用斩波器实现调速控制，具有控制灵活且高效、响应快等特点。

5）价格便宜：直流电机的制造技术和控制技术都比较成熟，其控制装置简单、价格较低，因而整个直流驱动系统的价格较便宜。

（2）直流电机的主要缺点

1）效率低。

2）维护工作量大：有刷直流电机工作时电刷和换向器之间会产生换向火花，换向器容易烧蚀。

3）转速低。

4）质量和体积大：直流电机动率密度低，质量大，体积也大。

3. 直流电机在电动汽车上的应用

直流电机体积和质量大，存在换向火花、电刷磨损以及电机本身结构复杂等问题，随着交流变频调速技术的发展，交流调速电机在电动汽车上的应用发展迅速。但是直流电机控制方法和结构简单，起动和加速转矩大，电磁转矩控制特性良好，调速比较方便，不需检测磁极位置，技术成熟，成本低，现在仍在很多场合使用，如城市中的无轨电车和电动叉车较多的采用直流驱动系统，很多电动观光车和电动巡逻车也使用直流电机。

三、三相异步电机

1. 三相异步电机的结构

图 1-29 是一台三相笼型异步电机的外形图。图 1-30 是它主要部件的剖面图。交流异步电机主要由定子和转子组成，如图 1-31 所示。

三相异步电机的结构

图1-29 笼型异步电机的外形图

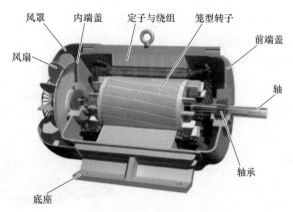

图1-30 异步电机剖面图

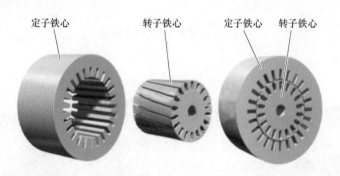

图1-31 异步电机转子及定子

（1）定子 定子由外壳、定子铁心和定子绕组组成。

1）定子铁心：一般由厚度0.35~0.5mm的硅钢片叠压而成。硅钢片的内圆冲有均匀分布的槽，可以安放定子绕组。

2）定子绕组：由3个在空间互隔120°、对称排列、结构完全相同的绕组连接而成。定子铁心的槽内嵌放着定子绕组，即三相交流绕组，接入三相交流电源就可产生旋转磁场。

（2）转子 三相交流异步电机按照转子绕组形式的不同，可分为笼型异步电机和绕线型异步电机。笼型异步电机的转子如图1-32所示，转子铁心的槽里嵌放的是裸铜条，有的采用铸铝转子，如图1-33所示，这种转子是用熔化的铝液浇在转子铁心上，导条和端环是一次浇铸出来的。

图1-32 笼型异步电机的转子（铜条）

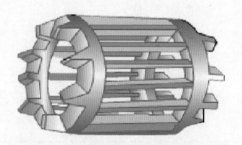

图1-33 笼型异步电机的转子（铸铝）

　　绕线型异步电机由转子绕组和转子铁心组成，转子铁心用硅钢片叠压而成，嵌套在转轴上，作用和定子铁心相同，即铁心本身用作导磁，外圆上均布的槽用于安放转子绕组，如图1-34所示。

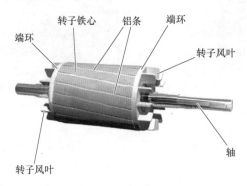

图1-34　异步电机转子绕组

2. 电机绕组的分类

（1）按绕组在电机上的位置分类　可分为定子绕组（见图1-35）和转子绕组（见图1-36）。

图1-35　定子绕组

图1-36　转子绕组

　　（2）从工艺的角度分类　可分为单圈（包括半圈的）绕组和多圈绕组。单圈绕组如大型交流电机定子绕组、直流电机电枢绕组、插入式转子绕组、补偿绕组、阻尼绕组及均压线等，多圈绕组如中小型交流电机散嵌绕组、成型定子绕组及磁极绕组等，见表1-2。

表1-2　电机绕组的分类

定子绕组			转子绕组			
分　类	绕组型式		分·类		绕组型式	
小型同步发电机	散嵌式		同步电机	凸极	磁极绕组	等距
小型同步发电机					阻尼绕组	导条式
小型异步电动机				隐极	磁极绕组	不等距
大型同步发电机	成型式	圈式	异步电机	绕线转子型	插入式	散嵌
大型同步发电机		半圈式或导条式				成型
大中型异步电动机				笼型		铝条
						铸铝

交流电机（左侧纵向合并单元格）

（续）

定子绕组			转子绕组		
分　类	绕组型式		分　类	绕组型式	
直流电机	磁极绕组	绝缘导线烧制		电枢绕组	单圈	波绕
						叠绕
						蛙绕
		光导线绕制	平绕 边绕		多圈	波绕
						叠绕
	补偿绕组	条式		均压线	单圈式	

（3）按绕组的结构和制造方法不同分类　可分为软绕组（散嵌绕组）和硬绕组（成型绕组），如图 1-37 和图 1-38 所示。

图 1-37　散嵌绕组

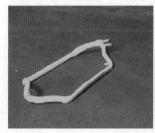

图 1-38　成型绕组

软绕组由绝缘圆导线绕制，交流电机软绕组按层数分类，有单层绕组、双层绕组和单双层混合绕组，如图 1-39 所示。

四、永磁同步电机

1. 永磁同步电机的分类

永磁同步电机是当前电动汽车驱动电机的研究热点。永磁同步电机可分为交流永磁同步电机（PMSM）、直流无刷永磁电机（BLDCM）和新型永磁电机（混合式永磁电机 HSM、续流增磁永磁电机）三类，其中前两类应用较为广泛。

1）交流永磁同步电机是反电动势波形和供电电流波形都是正弦波的交流永磁电机，又称为正弦波永磁同步电机，采用定子磁场定向矢量控制及转子连续位置反馈信号来控制调速或换向。

2）直流无刷永磁电机是在传统直流电机基础上发展起来的，其电磁结构和传统直流电机一样，是反电动势波形和供电电流波形都是矩形波的直流永磁电机，又称为矩形波永磁同步电机。由于直流无刷永磁电机其原理上存在的固有缺陷，如运转时存在转矩脉动较大、铁心附加损耗大等，限制了它在高精度、高性能要求的驱动场合的应用，尤其是在低速直接驱动场合，故只适合用于一般的精度及较低性能要求的场合。但是直流无刷永磁电机结构简单、质量轻、维护方便、无转子损耗、易实现高速和快速制动、高效率、动态响应性能好、控制简单、机械特性较硬、具有和传统直流电机一样好的转矩-转速特性、能实现大范围调

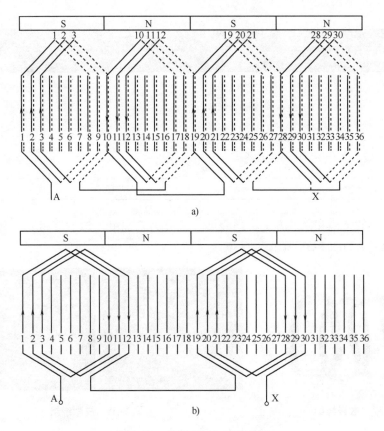

图 1-39　单层绕组和双层绕组

a）双层绕组　b）单层绕组

速和定位控制、成本低，对于运行在恶劣环境下的电动汽车特别适用，因此其在电动汽车中的应用有日益增加的趋势。

永磁同步电机根据转子对定子的相对位置不同，可分为外转子式、内转子式和盘式三种。

① 外转子式，将内定子固定在电机的轴心，外转子处在内定子外圆处，围绕电机的轴心做旋转运动。

② 内转子式，将定子固定在电机的轴心，内转子在定子内腔内，围绕电机的轴心做旋转运动。

③ 盘式，其定子、转子均为圆盘形，在电机中对等放置，气隙是平面型的，气隙磁场是轴向的，故又称为轴向磁场电机。其结构简单紧凑，轴向尺寸短，有较高的功率和质量比。

以上三种结构的电机各有特点，但相比之下，现在电动汽车上采用较多的是内转子式电机。

2. 永磁同步电机的结构

下面以交流永磁同步内转子式电机为例，介绍永磁同步电机的结构。

永磁同步电机的基本机构与异步电机类似，都包括定子部分和转子部分，其剖面图如图 1-40 所示，端盖拆解图如图 1-41 所示。永磁同步电机的定子是由铁心和三相绕组构成，与交流异步电机类似，如图 1-42 所示。但转子为永久磁铁，永磁同步电机的转子结构有凸出式、表面插入式和内置式等多种，如图 1-43 所示。

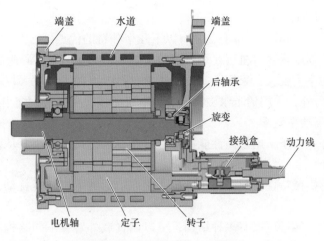

图 1-40 永磁同步电机剖面图

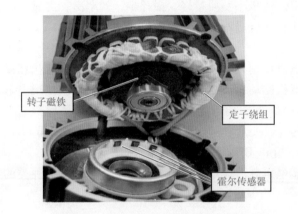

图 1-41 永磁同步电机端盖拆解图

图 1-42 定子铁心与绕组

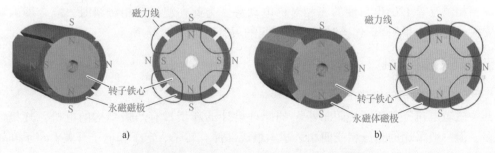

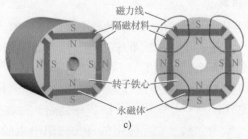

图 1-43 永磁同步电机的类型

a) 凸出式 b) 插入式 c) 内置式

3. 永磁同步电机的特点

永磁同步电机应用到电动汽车上，具有以下几个独特的优点：

1）由于转子无须励磁，电机可在很低的转速下保持同步运行，调速的范围宽。

2）效率高、功率密度大：采用了高磁能稀土材料，因此可以大大提高气隙磁通密度和能力转换的效率。另外，采用稀土永磁材料后，电机的体积可以大大缩小，重量可以相应减小，从而有效地提高功率效率。

3）瞬态特性好：由于采用了高性能的永磁材料，体积得以减小，从而有较低的转动惯量、更快的响应速度。

4）具有良好的机械特性：对于由于负载变化而引起的电机转矩扰动，永磁同步电机具有较强的承受能力。

5）结构多样化：转子可以有多种结构，可以内置或外置；不同结构有不同性能特点和适用环境，因而其应用范围广。

总体上讲，永磁同步电机具有结构简单、体积小、质量轻、损耗少、效率高、可靠性高和便于维护等优点，但与交流异步电机相比，它有成本高、起动困难等缺点。

4. 永磁同步电机在电动汽车上的应用

与传统的电励磁电机相比，永磁同步电机特别是稀土永磁同步电机具有电机的形状和尺寸可以灵活多变等显著优点。在电动汽车电机驱动系统中具有很高的应用价值。现在很多电动乘用车均使用永磁同步电机，如日系车中的丰田2010普锐斯，本田Insight和日产LTI-MA。在欧洲各国也大多采用永磁同步电机，如大众奥迪A8 Hybrid、宝马Active Hybrid 7，我国现阶段推广应用的主要车型比亚迪E6、北汽C30等也普遍采用永磁同步电机。

我国永磁材料资源储备丰富，永磁同步电机制造成本也将进一步降低，相对其他种类的电机，其优势必将更加显著。

5. 电机绕组的缠绕方法

对于三相定子绕组的电机来说，绕指三相绕组的要求是：使三相绕组产生频率相同、幅值相等、相位互差120°电角度的三相对称电动势。为此在绕指三相绕组时，应合理确定绕组的安放位置。当采用Y形连接时，定子绕组的展开图如图1-44所示。

五、开关磁阻电机

1. 开关磁阻电机的结构

开关磁阻电机是基于"磁阻最小"的原理设计的新型具有凸极结构的电机，其相数可以较多，但一般采用的是三相或四相。基本组成部件有转子、定子和电子开关，定子和转子都有凸起的齿极，如图1-45所示。

（1）定子　开关磁阻电机的定子铁心是由硅钢片叠压而成的，成对的齿极上绕有两个互相串联的绕组。定子的作用是定子绕组按顺序通电，产生的电磁力牵引转子转动。定子凸极的个数也是偶数，最少的有6个，最多的有18个。

（2）转子　开关磁阻电机的转子也是由导磁性能良好的硅钢片叠压而成，转子的凸极上无绕组。开关磁阻电机转子的作用是构成电子磁场磁通路，并在磁场力的作用下转动，产生电磁转矩。转子的凸极个数为偶数。实际应用的开关磁阻电机的转子凸极最少有4个（2对），最多有16个（8对）。

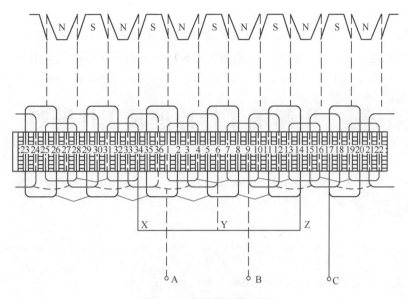

图1-44　定子绕组展开图

图1-45　开关磁阻电机的结构

定子和转子的极数组合见表1-3，定子和转子极数均为偶数，一般转子极数比定子极数少两个，共同组成不同极数的开关磁阻电机。目前应用较多的有四相8/6极结构和三相6/4极结构。

表1-3　开关磁阻电机定子和转子极数对应表

相　数	3	4	5	6	7	8	9
定子极数	6	8	10	12	14	16	18
转子极数	4	6	8	10	12	14	16
步进角/(°)	30	15	9	9	4.25	3.21	2.5

2. 开关磁阻电机的特点

开关磁阻电机又称可变磁阻电机，是电机技术、现代电子技术与计算机控制技术相结合的产物，它综合了感应电机和直流电机传动系统的优点，有着无磁钢、成本低、效率高、结构简单坚固、容错性好、低速输出转矩高等特点，特别适合于电动汽车在各种工况下运行。

3. 开关磁阻电机在电动汽车上的应用

开关磁阻电机在混合动力汽车和电动汽车中已经得到成功的应用，具有良好的应用前景。国际上如奔驰、沃尔沃、菲亚特、通用等公司，正大力发展电动汽车用开关磁阻电机。

任务二 电机的工作原理及工作特性

 学习目标

1. 掌握直流电机的工作原理和工作特性。
2. 掌握三相异步电机的工作原理和工作特性。
3. 掌握永磁同步电机的工作原理和工作特性。
4. 掌握开关磁阻电机的工作原理和工作特性。

 知识储备

一、直流电机的工作原理及工作特性

1. 直流电机的工作原理

通电导线在磁场中会受到磁场力的作用，根据左手定则，把左手放入磁场中，让磁力线垂直穿入手心，磁力线从 N 极出发进入 S 极。四指指向电流所指方向，则大拇指的方向就是导体受力的方向。直流电机正是根据这一原理制成的，其工作原理如下：

直流电机工作时，将电源的直流电加于电刷的 A（正极）和 B（负极）上，转子线圈与换向器刚性连接，一起转动。换向器与电刷接触时，线圈 abcd 中流过电流：在导体 ab 中，电流由 a 指向 b；在导体 cd 中，电流由 c 指向 d。用左手定则可知导体 ab 所受到的磁场力从右向左，导体 cd 所受到的磁场力从左向右，这样形成的转矩 M 为逆时针方向。在该转矩作用下电枢将逆时针方向旋转，如图 1-46a 所示。

当电枢转过了 180°，直流电仍由电刷 A 流入，电枢 B 流出，电流在电枢线圈绕组内的流向改变为 d 到 c、b 到 a，由左手定则可知导体 cd 所受到的磁场力从右向左，ab 所受磁场力从左向右，转矩 M 方向仍为逆时针，则可保持电枢持续逆时针转动，如图 1-46b 所示。

2. 直流电机的励磁方式

直流电机在进行能量转换时，不论是将机械能转化为电能的发电机，还是将电能转化为机械能的电动机，都是以气隙中的磁场为媒介。除了采用磁铁制成主磁极的永磁式直流电机，直流电机都是在励磁绕组中通以励磁电流产生磁场的，励磁绕组获得电流的方式称作励磁方式。根据励磁支路和电阻支路的相互关系，有他励、自励（并励、串励和复励）方式。

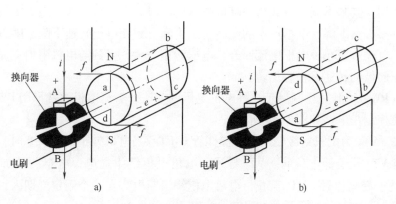

图1-46　直流电机的工作原理

（1）他励方式　他励方式中，励磁绕组与电枢绕组无连接关系，而由其他直流电源对励磁绕组供电的直流电机称为他励直流电机，接线如图1-47a所示。图中M表示电机，若为发电机，则用G表示。永磁直流电机也可看作他励直流电机。

（2）并励方式　并励直流电机的励磁绕组与电枢绕组相并联，接线如图1-47b所示。作为并励发电机来说，是电机本身发出来的端电压为励磁绕组供电，励磁绕组与电枢共用同一电源，从性能上讲与他励直流电机相同。

（3）串励方式　串励直流电机的励磁绕组与电枢绕组串联后，再接于直流电源，接线图如图1-47c所示。

（4）复励方式　复励电机的主磁极上有两部分励磁绕组，其中一部分与电枢绕组并联，另一部分与电枢绕组串联。当两部分励磁绕组产生的磁通方向相同时，称为积复励，接线图如图1-47d所示。

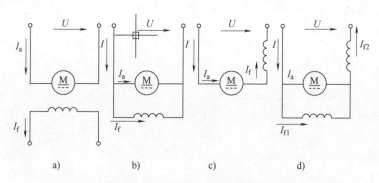

图1-47　直流电机的励磁方式

a）他励　b）并励　c）串励　d）复励

3. 直流电机的控制

由于电动汽车行驶工况、运行状态经常变化，因此，电机的转矩及转速必须经常调节以满足电动汽车驱动力的需要。直流电机的控制方法由电枢电压调节法、磁场调节法、电枢回路电阻调节法等。

（1）电枢电压调节法　电枢电压调节法是指通过改变电枢电压来控制电机的转速，适用于电机基速（额定转速）以下的调速调节。

以减速为例，其基本调节方式为：降低电枢电压时，在电机转速、阻力矩没有来得及变化时，电枢电流必然下降，电枢产生的电磁转矩下降，致使电枢转速下降。随着电枢转速的降低，电枢反电动势减小，电枢电流回升，电枢转矩增大，直到与电机阻力矩一致时，电机才会在比调压前低的转速下稳定运转。

斩波器（PWM）脉宽调制属于一种电枢电压调节法，直流电机通常采用 PWM 实现调速控制。其调速控制主电路如图 1-48 所示。

其中 VT_1、VT_2 为两只绝缘栅双极形晶体管 IGBT。当电机处于运行状态时，控制器控制 VT_1 关断；当 VT_2 处于低电位时，VT_2 导通，电机电枢绕组通电，电枢两端加上电源电压 U_b；当 VT_2 处于高电位时，VT_2 截止，电机电枢绕组断电。在一个固定周期内，增加 VT_2 处于低电位的时间，则可增加电枢绕组的平均电压。

当电动汽车制动，需要直流电机实现能量回收时，控制器控制 VT_2 关断，当 VT_1 处于低电位时，这时电机工作在发电状态，电枢所产生的电动势通过 VT_1 形成感应电流，将汽车的动能转化为磁场能储存于电枢绕组中。当 VT_1 处于高电位时，VT_1 截止，电枢因电流突然消失而产生高于蓄电池电压的自感电动势，并向蓄电池充电，实现制动能量的回馈。

（2）磁场调节法　磁场调节法是通过调节磁极绕组励磁电流，改变磁极磁通量 ϕ 来调节电机的转速。这种方法适用于电机基速以上的转速控制。

以升速为例，调速过程是：减小磁通量，在机械惯性力的作用下，电枢转速还没来得及下降，而反电动势随着磁通量的减小而下降，电枢电流随之增大，由于电枢电流的增加的影响大于磁通量减小的影响，因而电机的电枢电磁转矩 T 增大。如果这时电机的阻力矩 TL 未变，则电枢的转速 n 便会上升。随着电机转速的上升，电枢的反电动势增大，电枢电流随之减小，直到电磁转矩与阻力矩平衡，电机就在比减小磁通量前高的转速下稳定运转。图 1-49 为从 A 点到 B 点的升速调节。

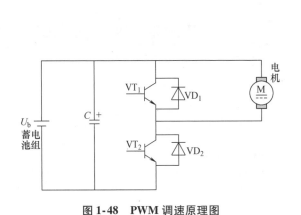

图 1-48　PWM 调速原理图　　　　图 1-49　改变磁通量、调速的升速特性

（3）电枢回路电阻调节法　电枢回路电阻调节法是在磁极绕组励磁电流不变的情况下，改变电枢回路的电阻，使电枢电流变化来实现电机转速的调节。电枢回路电阻调节法的机械特性差，而且会使电机运转不稳定，加之电枢回路串入电阻消耗了电能，一般很少在电动汽车上采用。

4. 直流电机的工作特性

直流电机的工作特性是指供给电机额定电压 U_N 和额定励磁电流 I_{fN} 时，转速与负载电流之间的关系、转矩与负载电流之间的关系及效率与负载电流之间的关系。这三个关系分别称为电机的转速特性、转矩特性和功率特性，如图 1-50 所示。

以直流串励电机为例介绍其工作特性。

（1）转矩特性　在串励电机中，磁场未饱和时，磁场磁通与电枢电流近似成正比，电机的电磁力矩与电枢电流的平方成正比；当磁场达到饱和时，电机的电磁力矩与电枢电流呈线性关系。电机输出转矩变化规律与电磁力矩变化规律基本相同，如图 1-51 中的曲线 M 所示。

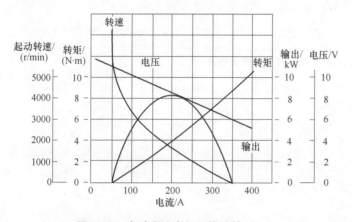

图 1-50　串励直流电机工作特性（一）

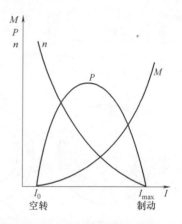

图 1-51　串励直流电机工作特性（二）

（2）转速特性　由于串励电机磁场未饱和时，磁场磁通与电枢电流近似成正比，即电枢电流越大，磁场磁通越大，所以，串励电机在电枢电流较小时，电机的转速随着电枢电流的减小急剧升高；随着电枢电流的增大，迅速减小，如图 1-51 中的曲线 n 所示。

（3）功率特性　功率曲线呈抛物线形状，在电枢电流为制动电流的一半时，电机输出功率达到最大值；在完全制动时，输出转矩 M 虽然最大，但是转速 $n = 0$；在空载时，转速 n 虽然很高，输出转矩 $M = 0$，所以，电机的输出功率为零。由于摩擦阻力矩的存在，负载越小差异越大，所以空载时，电枢电流不为零，如图 1-51 中的曲线 P 所示。

二、三相异步电机的工作原理及工作特性

1. 三相异步电机的工作原理

在三相异步电机中，一旦接入三相交流电，定子绕组流过三相对称电流产生三相磁动势并产生旋转磁场。即当定子绕组中的电流变化一个周期时，合成磁场也按照电流的相序方向在空间旋转一周。随着定子绕组中的三相电流不断地做周期性变化，产生的合成磁场也不断地旋转，因此称为旋转磁场。

交流异步电机的三相定子绕组在空间上互差120°，连接成星形或三角形，如图 1-52 所示的 U、V、W 三相绕组。

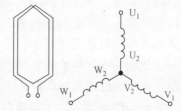

图 1-52　三相绕组连接图

给定子三相绕组 U、V、W 分别通入 i_1、i_2、i_3 三相交流，如图 1-53 所示，由右手螺旋定则（当金属导线有电流通过时，在导线周围的空间将产生圆形磁场，磁场的方向可以根据"右手螺旋定则"来确定：用右手握住导线，让大拇指指向电流的方向，那么其余四指弯曲的方向就是磁感线的环绕方向）可知，三相绕组周围均会产生磁场，且磁场会随着电流的变化而变化，当三相绕组周围的磁场合成后，会形成一个旋转的磁场，如图 1-54 所示。

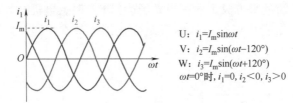

U: $i_1=I_m\sin\omega t$
V: $i_2=I_m\sin(\omega t-120°)$
W: $i_3=I_m\sin(\omega t+120°)$
$\omega t=0°$时，$i_1=0$，$i_2<0$，$i_3>0$

图 1-53 定子的三相异步电流

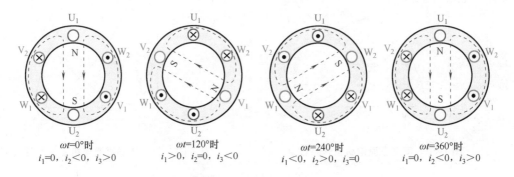

$\omega t=0°$时
$i_1=0$，$i_2<0$，$i_3>0$

$\omega t=120°$时
$i_1>0$，$i_2=0$，$i_3<0$

$\omega t=240°$时
$i_1<0$，$i_2>0$，$i_3=0$

$\omega t=360°$时
$i_1=0$，$i_2<0$，$i_3>0$

图 1-54 定子旋转磁场的产生

当转子绕组处于旋转的磁场中，转子绕组会因为切割磁感线而产生感应电动势。感应电动势的方向可以用右手定则判断，由于转子绕组是闭合的，则会有感应电流产生。由于感应电流的产生，此时转子绕组在磁场中会受到电磁力的作用，力的方向可由左手定则判断。由于转子绕组闭合回路两边受到两个相反方向电磁力的作用，则会产生磁转矩，使得转子绕组转动，转动方向和旋转磁场的方向一致，但旋转磁场的速度 n_0 要比转子旋转的速度 n 大，因此称为异步电机。图 1-55 为三相异步电机的工作原理图。

2. 三相异步电机的极数与转速

（1）极数（磁极对数 p） 三相异步电机的极数就是旋转磁场的极数。旋转磁场的极数和三相绕组的安排有关。当每相绕组只有一个线圈，绕组的始端之间相差 120° 空间角时，产生的旋转磁场具有一对极，即 $p=1$。

当每相绕组为两个线圈串联，绕组的始端之间相差 60° 空间角时，产生的旋转磁场

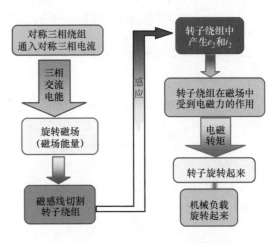

图 1-55 三相异步电机工作原理图

具有两对极，即 $p=2$，如图 1-56 所示。

同理，如果要产生三对极，即 $p=3$ 的旋转磁场，则每相绕组必须有均匀安排在空间的串联的三个线圈，绕组的始端之间相差 40°（ $=120°/p$ ）空间角。极数 p 与绕组的始端之间的空间的关系是：$\theta=120°/p$。

（2）转速 n_0　三相异步电机旋转磁场的转速 n_0 与电机磁极对数 p 有关：$n_0=\dfrac{60f_1}{p}$。

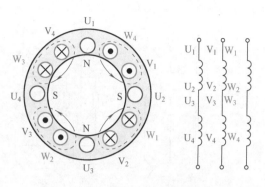

图 1-56　两对极电机的旋转磁场

（3）转差率 s　电机转子转动方向与磁场旋转的方向相同，但转子的转速 n 不可能达到与旋转磁场的转速 n_0 相等，否则转子与旋转磁场之前就没有相对运动，因而磁力线就不切割转子导体，转子电动势、转子电流以及转矩也就都不存在了。即旋转磁场与转子间存在转差率，因此把这种电机称为异步电机，又因这种电机的转动原理是建立在电磁感应基础上的，又称为感应电机。

旋转磁场的转速 n_0 常称为同步转速。转差率 $s=\dfrac{n_0-n}{n_0}=\dfrac{\Delta n}{n_0}$。转差率与转子转速的关系见表 1-4。

表 1-4　异步电机的各种运行状态

状　　态	制动状态	堵转状态	电机状态	理想空载状态	发电机状态
转 子 转 速	$n<0$	$n=0$	$0<n<n_0$	$n=n_0$	$n>n_0$
转 差 率	$s>1$	$s=1$	$1>s>0$	$s=0$	$s<0$

3. 三相异步电机的起动

三相异步电机的起动就是把三相定子绕组与电源接通，使电机的转子由静止加速到一定转速，稳定运行的过程。

异步电机在起动的最初瞬间，其转速 $n=0$，转差率 $s=1$，转子电流达到最大值，这时定子电流也达到最大值，约为额定电流的 5~7 倍。由电磁转矩公式可知，虽然异步电机的起动电流很大，但是起动时转子电路的功率因数很低，故起动转矩并不大，一般笼型异步电机的起动能力 λ_{st} 只有 1.3~2.2。

三相异步电机起动电流很大，在输电线路上造成的电压降也很大，可能会影响同一电网中其他负载的正常工作，例如使其他电机的转矩减小，转速降低，甚至造成堵转。电机起动转矩不大，则起动时间较长，或不能在满载情况下起动，由于三相异步电机存在起动电流很大而起动转矩不大的问题，所以必须采取一些措施来减小起动电流，增加起动转矩。

三相异步电机常用的起动方法有以下几种。

（1）直接起动　用开关将额定电压直接加到定子绕组上使电机起动，就是直接起动，又称全电压起动，如图 1-57a 所示，用电源开关 QS 直接起动的电路。

直接起动的优点是设备简单，操作方便，起动时间短。适用于功率在 10kW 以下的三相异步电机。

缺点是起动电流较大，将使线路电压下降，影响负载正常工作。

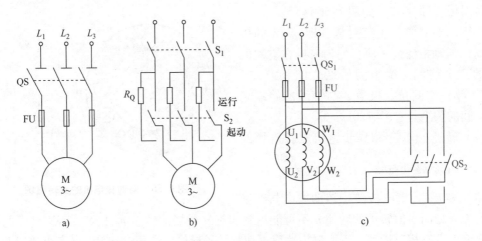

图1-57 起动原理图

a) 直接起动原理图 b) 定子串接电阻起动 c) Y-△起动

（2）三相笼型异步电机降压起动 如果三相异步电机的额定功率超出了允许直接起动的范围，则应采用降压起动。所谓降压起动是借助起动设备将电源电压适当降低后再加到定子绕组上进行起动，待电机转速升高后，再使电压恢复到额定值，转入正常运行。

降压起动时，由于电压降低，电机每极磁通量减小，故转子电动势、电流以及定子电流均减小，避免了对电网冲击而引起的电压显著下降，一般只能在电机空载或轻载运行的情况下起动，起动完毕后再加上机械负载。

目前常用的降压起动方法有三种。

1）定子串接电阻起动。三相异步电机起动时在定子电路中串入电阻，这样可降低定子电压，限制起动电流。在转速接近额定之后，将电阻切除，使电机在额定电压下开始正常运行。

定子回路串电阻起动，也属于降压起动，但由于外接起动电阻上有较大的功率损耗，所以经济型较差，一般不用。起动电路图如图1-57b所示。

2）Y-△起动。Y-△起动方式的起动原理图如图1-57c所示。起动时定子绕组接成Y形，运行时定子绕组接成△形，如图1-58所示。适用于运行时定子绕组为△形的异步电机。

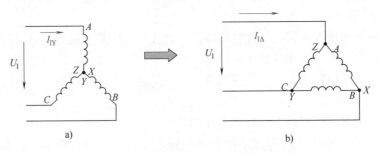

图1-58 Y-△起动连接图

a) 起动时 b) 正常运行时

Y-△起动时，定子绕组承受的电压只有△形接法时的$1/\sqrt{3}$，起动电流为直接起动时起动电流的 1/3，而起动转矩也只有起动时的起动电流倍数 $K = \dfrac{N_1}{N_2} = \sqrt{3}$。

丫-△起动方法简单，价格便宜，因此在轻载起动条件下，应优先采用。我国采用丫-△起动方法的电机额定电压都是 380V。

3）自耦变压器降压起动。自耦变压器也称起动补偿器。起动时电源接自耦变压器原边，副边接电机。起动结束后电源直接加到电机上。三相异步电机采用自耦变压器降压起动的接线如图 1-59 所示。

设自耦变压器的电压比 $\dfrac{1}{3}$，则起动时，电机所承受的

电压为 $\dfrac{1}{\sqrt{3}} U_N$，起动电流为全电压起动时的 $\dfrac{1}{\sqrt{3}}$。

与定子串电阻降压起动不同的是，定子串电阻降压起动时，电机的起动电流就是电网电流，而自耦变压器降压起动时，电机的起动电流与电网电流的关系则是自耦变压器一、二次电流的关系，

因一次电流 $I_1 = \dfrac{I_2}{K}$（K 为起动电流倍数），因此这时

电网电流为电机起动电流的 $\dfrac{1}{3}$，只有直接起动时的 $\dfrac{1}{\sqrt{3}}$。

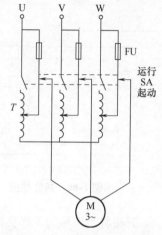

图 1-59　自耦变压器降压起动

可见，采用自耦变压器降压起动，起动电流和起动转矩都降 K^2 倍。自耦变压器一般有 2 ~ 3 组抽头，其电压可以分别为原边电压 U_1 的 80%、65% 或 80%、60%、40%。

该方法对定子绕组采用丫形或△形接法的电机都可以使用，缺点是设备体积大，投资较大。

4. 三相异步电机的接线方式

三相异步电机的三相定子绕组每相绕组都有两个引出线头。一头叫作首端，另一头叫末端。规定第一相绕组首端用 D_1 表示，末端用 D_4 表示；第二相首端用 D_2 表示，末端用 D_5 表示；第三相首末端用 D_3 和 D_6 来表示。这六个引出线头引入接线盒的接线柱上，接线柱相应地标出 $D_1 \sim D_6$ 的标记，如图 1-60 所示。

三相定子绕组的六根端头可将三相定子绕组接成星形或三角形，星形接法是将三相绕组的末端并联起来，即将 D_4、D_5、D_6 三个接线柱用铜片连接在一起，而将三相绕组首端分别接入三相交流电源，即将 D_1、D_2、D_3 分别接入 A、B、C 相电源。

而三角形接法则是将第一相绕组的首端 D_1 与第三相绕组的末端 D_6 相连接，再接入一相电源；第二相绕组的首端 D_2 与第一相绕组的末端 D_4 相连接，再接入第二相电源；第三相绕组的首端 D_3 与第二相绕组的末端 D_5 相连接，再接入第三相电源。即在接线板上将接线柱 D_1 和 D_6、D_2 和 D_4、D_3 和 D_5 分别用铜片连接起来，再分别接入三相电源，如图 1-61 所示。

一台电机接线方式是接成星形还是接成三角形，可从电机铭牌上查到。三相定子绕组的首末端是生产厂家事先设定好的，绝不能任意颠倒。但可将三相绕组的首末端一起颠倒，例如将三相绕组的末端 D_4、D_5、D_6 倒过来作为首端，而将 D_1、D_2、D_3 作为末端，绝不可单

独将一相绕组的首末端颠倒，否则将产生接线错误。如果接线盒中发生接线错误，或者绕组首末端弄错，轻则电机不能正常起动，长时间通电造成起动电流过大，电机发热严重，影响寿命。

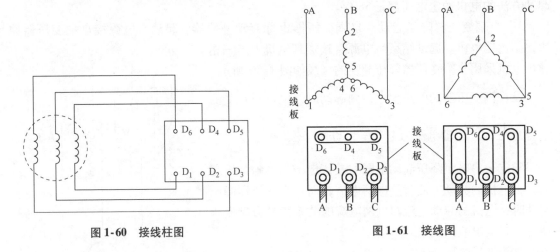

图 1-60　接线柱图　　　　　　　　图 1-61　接线图

5. 三相异步电机的工作性能

与直流电机相比，虽然异步电机结构简单，但是由于电机转子与定子之间并没有电的联系，能量完全靠电磁感应传递，这与变压器原、副边绕组之间传递能量的情况非常相似。电机运转时虽然转子绕组也有感应电动势和电流，但是很难测量，所以只能用间接方法分析。

（1）三相异步电机的工作特性　三相异步电机的工作特性是指定子的电压及频率均为额定值，以及定子、转子绕组不串任何阻抗的情况下，电机的转速 n、定子电流 I_1、电磁转矩 T、功率因数 $\cos\psi_1$、效率 η 与输出功率 P_2 的关系，特性曲线如图 1-62 所示。

（2）三相异步电机的机械特性　机械特性是异步电机的主要特性，它是指电机的转速 n 与电磁转矩 T 之间的关系，即 $n = f(T)$。图 1-63 为三相异步电机的机械特性曲线。

异步电机运转时转子电路在磁场中受力而产生的转矩，称为电磁转矩 T。在额定电压情况下，电磁转矩与转速的关系如图 1-63 所示。其中，N 为额定工作点，即定子加上三相额定电压 U_{1N} 时，电流为额定电流 I_{1N}，转子达到额定转速 n_N 以及额定转矩 T_N。

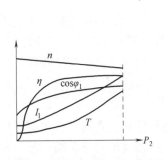

图 1-62　三相异步电机工作特性曲线

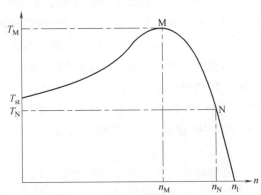

图 1-63　三相异步电机机械特性曲线图

电机起动瞬间，转速为 0，转矩 T_{st} 为起动转矩。此时虽然起动电流很大，但由于转子电路功率因数比较低，所以起动转矩并不是很大。在起动过程中，电磁转矩一定要大于负载阻力矩，电机才能逐渐加速。在电机加速的过程中，电磁转矩也逐渐增大。曲线中有一个最大转矩点 M，对应转速 n_M 比额定转速低一些。转速超过 n_M 后，随着转速的继续增加，转矩逐渐减小，最后与负载转矩平衡，达到稳定转速。图 1-63 中 n_1 为同步转速，对应电磁转矩为 0。

实际运行时电机工作在额定点 N 附近。若减小负载，转速将升高，但转子转速不会达到同步转速；若加大负载，转速将降低，只要负载转矩不超过最大转矩 T_M，电机的电磁转矩总能与负载转矩相平衡，所以电机转速在 n_M 和 n_1 之间稳定。一旦负载转矩超过了最大转矩 T_M，电机将很快减速，减速过程中电磁转矩进一步减小，最终将导致停机。所以转速低于 n_M 时电机是不稳定状态。

一般异步电机最大转矩为额定转矩的 2 倍左右，这意味着电机有很大的过载能力，但电机不能长时间过载运行，不然电机会过热而损坏。

（3）异步电机的基本调速方法　改变异步电机供电电压（调压），或改变供电频率（调频），都可以改变电机转速。例如在负载转矩不变的情况下，降低定子端电压，转速就会降低；或者提高电源频率，旋转磁场转速以及转子转速都会提高等。为了保持电机良好的运行性能，在调速过程中，常将调压和调频两种方法同时进行，这种调速方法称为变压变频调速。

6. 交流异步电机的控制

交流异步电机的控制分为矢量控制（FOC）和直接转矩控制（DTC）两种。

（1）矢量控制　矢量控制的思想是模拟直流电机，求出交流电机电磁转矩与之对应的磁场和电枢电流，并分别加以控制。其特点如下：

① 可以从零转速开始进行控制，调速范围很宽。

② 转速控制响应速度快，且调速精度高。

③ 可以对转矩实行较为精确地控制，电机的加速特性也很好。

④ 系统受电机参数变化的影响较大，且计算复杂，控制相对烦琐。

目前矢量控制理论比较完善，并且趋成熟，可基本满足电动汽车的动力性要求。

（2）直接转矩控制　在定子坐标下，通过检测电机定子电压和电流计算电机的磁链和转矩，并且根据与给定值比较所得差值，实现磁链和转矩的直接控制。不受转子参数随转速变化而变化的影响，简化了控制结构，动态响应快，因此受到了广泛的关注。其特点如下：

① 调速精度高，响应速度快。

② 计算简单，控制思想新颖，控制结构简单，控制手段直接。

③ 信号处理的物理概念明确，动静态性能均佳。

④ 调速范围较窄，低速特性有脉动现象。

在技术实现上，直接转矩控制往往很难体现出优越性，调速范围不及矢量控制宽，其根源主要在于其低速时，转矩脉动的存在以及负载能力的下降，这些问题制约了直接转矩控制进入实用化的进程。

三、永磁同步电机的工作原理

在电机内建立进行机电能量转换所必需的气隙磁场有两种方法：一种是在电机绕组内通

电流产生磁场，这种方法既需要有专门的绕组和相应的装置，又需要不断供给能量以维持电流流动，如普通的直流电机和同步电机；另一种是由永磁体来产生磁场，这种方法即可简化电机结构，又可节约能量，由永磁体产生磁场的电机就是永磁电机。

1. 永磁同步电机的工作原理

永磁同步电机是利用永磁体建立励磁磁场的同步电机，其定子产生旋转磁场，转子用永磁材料制成。与交流异步电机一样，当电机定子三相绕组中接入三相对称交流电时，会产生一个旋转磁场。根据磁极异性相吸、同性相斥的原理，不论定子旋转磁极与永磁磁极起始相对位置如何，定子的旋转磁极总会由于磁力拖着转子同步旋转，故称为永磁同步电机，工作原理如图1-64和图1-65所示。

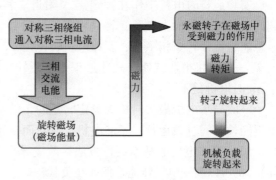

图1-64 永磁同步电机工作原理简图

同步电机转速可表示为：$n = n_0 = \dfrac{60f_1}{p}$。

当负载转矩超出一定限度时，转子转速就会降低甚至下降到零，导致转子不能再以同步转速运行，这就是同步电机的"失步"现象。该最大转矩限值称为最大同步转矩，因此，要保证电机正常工作，就要使得电机的负载转矩不能大于最大同步转矩。

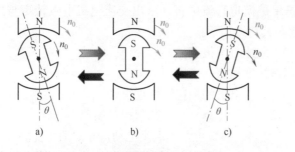

图1-65 永磁同步电机工作原理

a）电动机状态　b）理想空载状态　c）发电机运行

永磁同步电机
驱动原理

2. 永磁同步电机的控制

（1）直接转矩控制　三相永磁同步电机直接转矩控制主要包括转速调节器、滞环比较器、空间电压矢量开关表、三相电压逆变器、永磁同步电机以及坐标转换、磁链估计、转矩估计、域判断环节等部分。永磁同步电机直接转矩控制系统的结构如图1-66所示。

（2）永磁同步电机直接转矩控制的过程　系统把三相永磁同步电机实际转速与给定转速作比较，将两者之间的误差作为比例积分环节的输出量；另一方面，系统把测得的定子的三相电流和相间电压送入坐标转换环节，进行坐标转换，再把坐标转换环节的输出值送入磁链估计作比较，将误差输入到滞环比较器中。然后，把比例积分环节输出的给定转矩和转矩估计环节输出的实际转矩作比较，把它们的误差输入到滞环比较器中。将两个滞环比较器的输出值和区域判断作为空间电压矢量开关表的输入量，得到一组控制脉冲，去控制三相电压逆变器的通断，从而控制三相永磁同步电机。之后再一次检测电机的转速、电流和电压，重

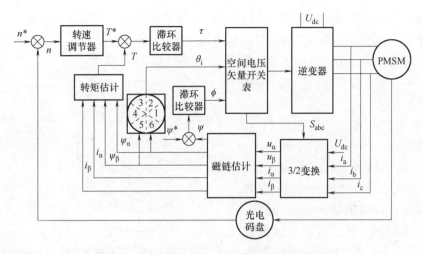

图 1-66　永磁同步电机直接转矩控制系统结构

复上述步骤，不断循环。

（3）矢量控制　矢量控制一般是通过检测或估计电机转子磁通的位置及幅值来控制定子电流和电压，这样电机的转矩便只和磁通、电流有关，与直流电机的控制方法相似，可以得到很高的控制性能。永磁同步电机矢量控制与异步电机矢量控制有所不同。对于永磁同步电机，转子磁通位置与转子机械位置相同，其转子转速等于旋转磁场转速，转速差等于零，没有转差功率，控制效果受转子参数影响小。这样通过检测转子实际位置就可以得知电机转子磁通位置，从而使永磁同步电机的矢量控制比异步电机的矢量控制大大简化。矢量控制是当前高性能交流调速系统一种典型的控制方案。图 1-67 为永磁同步电机矢量控制原理图。

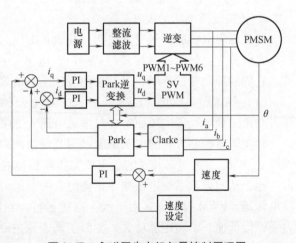

图 1-67　永磁同步电机矢量控制原理图

3. 永磁同步电机应用举例

北汽新能源 EV160 电动汽车采用了永磁同步电机，具有调速范围宽、传动效率高、噪声小、维护费用低等优点。能量转换效率高达 90%，远高于传统发动机 25%～30% 的转换效率，该电机额定功率为 20kW，峰值功率为 45kW，峰值转矩高达 180N·m（相当于 2.0L 汽油发动机），故在加速、爬坡等性能上远优于一般同级别电动汽车。

四、开关磁阻电机的工作原理

1. 开关磁阻电机的工作原理

与其他类型的电机相比，开关磁阻电机（Switched Reluctance Motor，SRM）的结构和工作原理都有很大的不同。开关磁阻电机的定子和转子均为双凸极结构，运行原理遵循"磁阻最小原理"，即磁通总要沿着磁阻最小的路径闭合，所以具有一定形状的铁心在移动到最小磁阻位置时，必须使自己的主轴线与磁场的轴线重合。

开关磁阻电机的定子双凸极上绕有集中绕组，转子凸极上没有绕组。其电磁转矩产生如图1-68所示。

图1-68中仅画出其中一相绕组（A相）的连接情况。当定子、转子凸极正对时，磁阻最小；当定子、转子凸极完全错开时，磁阻最大。当D相绕组施加电流时，由于磁通总是选择磁阻最小的路径闭合，为减少磁路的磁阻，转子将顺时针旋转，直到转子凸极1与定子凸极D的轴线重合。

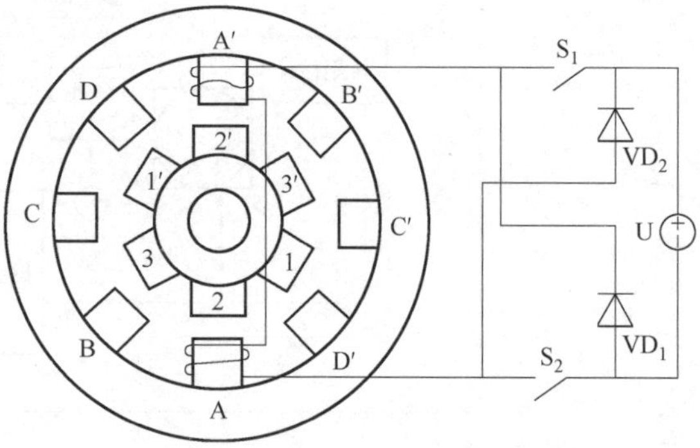

图1-68　开关磁阻电机的工作原理

当各电子开关依次控制A、B、C、D四个定子绕组通电时，转子就会不断受电磁力的作用而持续转动。如果定子绕组按D→A→B→C的顺序通电，则转子就会逆着励磁顺序以逆时针方向连续旋转。反之，若按B→A→D→C的顺序通电，则电机转子就会沿顺时针方向旋转。

2. 开关磁阻电机的控制

开关磁阻电机的控制变量包括：开通角H1、关断角H2、励磁电压及相电流上限，其控制模式可分为：脉宽调制控制（PWM）、电流斩波控制（CCC）和角度位置控制（APC），虽然它们的控制变量不同，但都是调节励磁电流最终实现对发电运行的输出功率控制。

（1）脉宽调制控制（PWM）方式　在主开关控制信号上施加PWM调制信号，通过改变占空比来调节励磁电压而实现对励磁电压 I_c 的控制。

脉宽调节控制方式的实质是通过调节绕组两端的励磁电压来控制电磁转矩。具体方法是固定 θ_{on} 和 θ_{off}，通过对转速的给定值和实际转速的反馈值之差进行PI运算，调节PWM信号占空比，从而调节励磁电压加在相绕组上的有限时间宽度，改变相电压的有效值，进而改变输出转矩。PWM控制方式用于低、高速运行。当用于调速系统时，动态响应快，抗干扰能力强；但低速时，转矩脉动大。类似于调速开关磁阻电机的控制，开关磁阻电机的发电运行PWM控制模式也可以采用PWM斩双管和PWM斩单管两种控制方式，通过这两种方式调节励磁区电流的大小，最终实现对输出电压控制。

1）PWM斩双管方式：开关磁阻电机的PWM控制方式采用斩双管方式时，其连接在每相绕组的上下桥臂的两个开关同时开通和关断，实现电压斩波控制。对每相上下主开关的触发信号中同时施加PWM调制信号，以实现对励磁电流的控制。

① 上下两开关均导通，处于导通状态，电源给绕组励磁，输出电容给负载放电。

② 上下两管均关断，由于直接给输出电容续流，绕组电流下降很快，绕组给电容充电。

2）PWM斩单管方式：斩单管方式就是所谓的"上斩下不斩"或者"下斩上不斩"控制，在励磁过程中，每相绕组的两端只有一个开关斩波（即施加PWM调节信号），另一个一直处于导通状态。

（2）电流斩波控制（CCC）方式　在电机起动、低速运行时，旋转电动势引起的压降小，电流上升很快。为避免过大的电流脉冲峰值超过功率开关元件和电机允许的最大电流，通常会采用电流斩波的控制方式，来限制电流大小。电流斩波控制是通过固定导通角 θ_{on}，通过主开关元件的多次导通、关断将电流显示在给定电流上下限之间，实现电机恒转矩控制。在导通区间内，当 $\theta = \theta_{on}$，电流从零上升到电流斩波上限值时，断开开关，电流迅速下降；当电流下降到电流斩波下限值时，闭合开关，电流重新上升，如此反复，达到斩波控制。电流斩波控制产生的转矩较平稳，脉动也较小，但用于调速系统时，动态响应比较慢，系统抗干扰能力变差。电流斩波控制相电流如图 1-69 所示，电流斩波控制流程图如图 1-70 所示。

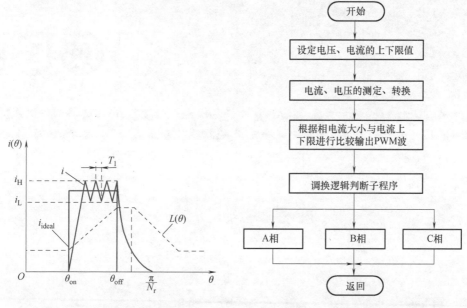

图 1-69　电流斩波控制相电流　　　　　　图 1-70　电流斩波控制流程图

（3）角度位置控制（APC）方式　在直流电压的斩波频率和占空比确定时，加于相绕组两端的电压大小不变的情况下，可通过调节 DT 电机的主开关器件的开通角 θ_{on} 和关断角 θ_{off} 的值，来实现转矩和速度的调节，此种方法称为角度位置控制（APC）。尤其是当旋转电机转速较高、旋转电动势较大、电机绕组电流相对较小时，最宜采用此种控制方式。在 APC 方式下，通过对转子位置信号进行倍频，从而获得分辨率较高的角度细分控制。在此基础上，我们可以获得不同 θ_{on}、θ_{off} 控制条件下的不同波形和幅值的相电流，实现对电机的调控。

角度细分（倍频）电路，主要由锁相环电路和分频电路两部分构成，完成将角度位置型号进行细分（倍频）的任务，将其输出信号送入控制单元，形成关于开通角 θ_{on} 和关闭角 θ_{off} 的角度指令，进行响应的角度控制。图 1-71 为常见的采用数字锁相环产生的角度细分（倍频）电路的原理框图。电路刚工作时，比较信号的频率可能不等于输入信号的频率，这时相位比较器产生的误差经过环路滤波器会产生一个控制电压，从而实现对电机转速的调节。

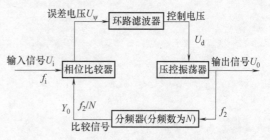

图 1-71　角度细分（倍频）电路的原理框图

Project 2

项目二

电动汽车与MCU通信丢失故障检修

MCU 低压供电线路故障的排查

1. 掌握北汽新能源 EV160 电机控制器与电机的低压端口定义。
2. 掌握电机控制器与电机低压供电原理。

知识储备

一、北汽新能源 EV160 电机控制器与电机的低压端口定义

整车控制器（VCU）根据驾驶人意图发出各种指令，电机控制器响应并反馈，实时调整驱动电机输出，以实现整车的怠速、前行、倒车、停车、能量回收以及驻坡等功能。电机控制器的另一个重要功能是通信和保护，实时进行状态和故障检测，保护驱动电机系统和整车安全可靠运行。

1. 北汽新能源 EV160 电机控制器低压端口定义

驱动电机系统状态和故障信息会通过整车 CAN 网络上传给整车控制器（VCU），传输通道是两根信号线束，分别是电机到控制器的 19PIN 插件和控制器到 VCU 的 35PIN 插件。电机控制器 35PIN 低压端口接插件公口针脚图如图 2-1 所示，电机控制器 35PIN 低压端口接插件母口针脚如图 2-2 所示。

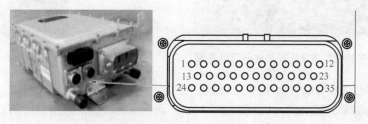

图 2-1　电机控制器低压端口接插件公口针脚图

电机控制器 35PIN 低压插件接口定义见表 2-1。

表 2-1　电机控制器低压接口定义

插头编号	信号名称	说　明
1	12V +	控制电源接口
24	12V 搭铁	

（续）

插头编号	信号名称	说　　明
7	485 –	RS485 总线接口
8	485 +	
9	TL	电机温度传感器接口
10	TH	
28	屏蔽层	
12	励磁绕组 R1	电机旋转变压器接口
11	励磁绕组 R2	
35	余弦绕组 S1	
34	余弦绕组 S3	
23	正弦绕组 S2	
22	正弦绕组 S4	
33	屏蔽层	
32	CAN- H	CAN 总线接口
31	CAN- L	
30	CAN- PB	
29	CAN- SHIELD	
15	HVIL1（ + L1）	高低压互锁接口
26	HVIL2（ + L2）	

建议检修时先确认插件是否连接到位，是否有"退针"现象，如图 2-3 所示。

图 2-2　电机控制器低压接插件母口针脚图

图 2-3　电机控制器低压端口连接图

2. 北汽新能源 EV160 驱动电机低压端口定义

驱动电机 19PIN 低压插件针脚图如图 2-4 所示。驱动电机低压接口针脚定义见表 2-2。

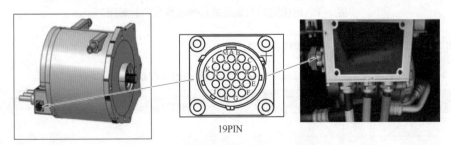

图 2-4　驱动电机低压端口针脚图

表 2-2　驱动电机低压端口针脚定义

插头编号	信号名称	说　明
A	励磁绕组 R1	电机旋转变压器接口
B	励磁绕组 R2	
C	余弦绕组 S1	
D	余弦绕组 S3	
E	正弦绕组 S2	
F	正弦绕组 S4	
G	TH0	电机温度传感器接口
H	TL0	
L	HVIL1 （+L1）	高低压互锁接口
M	HVIL2 （+L2）	

二、电机控制器低压供电原理

由表 2-1 电机控制器低压接口针脚定义可知，北汽新能源 EV160 电机控制器低压供电电源正极是通过 1 号针脚，负极是 24 号针脚。电机控制器电路连接线路如图 2-5 所示。

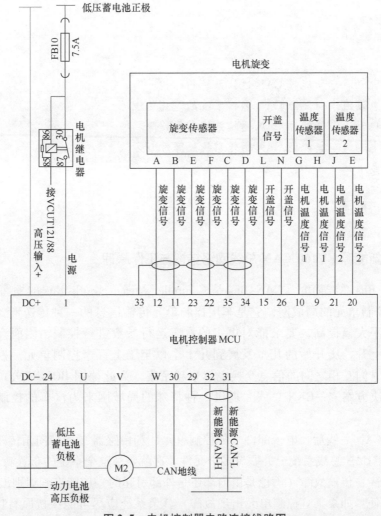

图 2-5　电机控制器电路连接线路图

控制电源供电电压范围是 9～16V。1 号管脚与低压蓄电池正极通过熔丝和继电器相连。继电器受 VCU 控制，当 VCU 接收到钥匙起动信号后，检测到 VCU 各引脚信号正常，且自检完成后给 MCU 低压正极供电。当 MCU 低压上电后，进行自检，自检完成后，才控制高压电上电。

当 MCU 低压供电有故障时，仪表会显示动力蓄电池故障指示灯点亮，使系统故障灯点亮，能量回收关闭，且整车无法起动。此时应用万用表先检查 VCU 控制信号是否正常，如果是低电平，则 VCU 控制信号正常；下一步使用试灯对熔丝和继电器的好坏进行检查。如果用万用表测得 VCU 控制信号是高电平，则 VCU 控制信号不正常，请检查 VCU 供电相关线路问题。

任 务 二　MCU CAN 通信线路故障的排查

学习目标

1. 掌握电动汽车新能源 CAN 通信系统的结构。
2. 掌握电动汽车新能源 CAN 通信系统的工作原理。
3. 掌握电动汽车新能源 CAN 通信系统常见故障。
4. 掌握电动汽车新能源 CAN 通信系统故障诊断方法。

知识储备

一、北汽新能源 EV160 CAN 总线网络结构与工作原理

（1）CAN-Bus 总线简介　CAN-Bus 是 Controller Area Network-Bus 的缩写（简称 CAN 总线），称为控制单元的局域网，它是车用控制单元传输信息的一种传送形式。由于现代汽车的技术水平大幅提高，要求能对更多的汽车运行参数进行控制，因而汽车控制器的数量在不断地上升，从开始的几个发展到几十个以至于上百个控制单元。控制单元数量的增加，使得它们互相之间的信息交换也越来越密集。为此德国 BOSCH 公司开发了一种设计先进的解决方案——CAN 总线，提供一种特殊的局域网来为汽车的控制器之间进行数据交换。

车上使用 CAN 总线后，电子部件（如控制单元）和传感器（如转向角传感器）就可以彼此连成网络。CAN 总线系统上并联有多个元件。这就要求整个系统的布置满足以下要求：

① 可靠性高：传输故障（不论是由内部还是外部引起的）应能准确识别出来。

② 使用方便：如果某一控制单元出现故障，其余系统应尽可能保持原有功能，以便进

行信息交换。

③ 数据密度大：所有控制单元在任一瞬时的信息状态均相同，这样就使得两控制单元之间不会有数据偏差。如果系统的某一处有故障，那么总线上所有连接的元件都会得到通知。

④ 数据传输快：连成网络的各元件之间的数据交换速率必须很快，这样才能满足实时要求。

（2）CAN 总线基本工作原理　CAN 总线的控制单元连接方式采用铜缆串行方式。由于控制器采用串行合用方式，因此不同控制器之间的信息传送方式是广播式传输。也就是说每个控制单元不指定接收者，把所有的信息都往外发送；由接收控制器自主选择是否需要接收这些信息，如图 2-6 所示。

（3）CAN 总线的结构　CAN 总线由控制器、收发器、两个终端电阻和两条传输线组成，如图 2-7 所示。

① 收发器：安装在控制器内部，同时兼具接收和发送的功能，将控制器传来的数据化为电信号并将其送入数据传输线。

② 数据传输终端：是一个电阻，防止数据在线端被反射，以回声的形式返回，影响数据的传输。

③ 数据传输线：双向数据线，由高低双绞线组成。

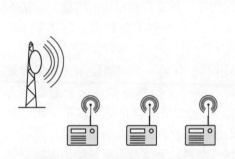

图 2-6　CAN 总线基本工作原理

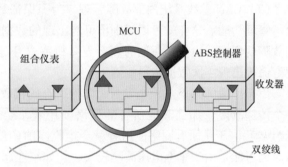

图 2-7　CAN 总线结构图

（4）数据传递过程　CAN 总线数据传递过程如图 2-8 所示。

① 提供数据。相应控制单元向 CAN 总线控制器提供需发送的数据。

② 发射数据。CAN 总线收发器接收 CAN 控制器传来的数据并转化为电信号传递。

③ 接收数据。CAN 总线网络中所有其他控制单元，作为潜在的接收器。

④ 检查数据。收到信号的控制单元，评估该信号是否与其功能有关。

⑤ 使用数据。如果接收到数据是相关的，控制单元接受并处理；否则忽略。

（5）CAN 总线的数据结构　当控制

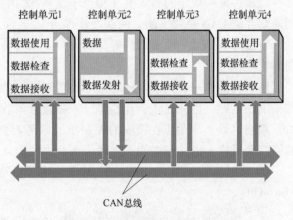

图 2-8　CAN 总线数据传递过程图

器发送信息时，并不仅仅是数据本身，它同时还带有属性数据打成数据包一起传送。该数据包共有7个数据段，分别储存有开始区（1位）、优先级别区（11位）、检验区（6位）、数据区（64位）、安全区（16位）、确认区（2位）和结束区（7位），如图2-9所示。

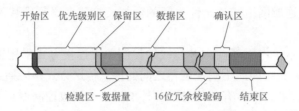

开始区　优先级别区　保留区　数据区　确认区

检验区-数据量　16位冗余校验码　结束区

图2-9　CAN总线数据结构图

（6）LIN总线　LIN（局部互连）指的是所有控制单元被安装在一个有限的结构空间（例如车顶）内。它也被称为"局部子系统"。一辆汽车中各个LIN总线之间的数据交换是通过CAN总线进行的，而且每一次只交换一个控制单元的数据。

LIN总线是一根单线总线，导线截面积为0.35mm^2，不需要进行屏蔽。系统允许一个LIN主控制单元和最多16个LIN从属控制单元之间进行数据交换。LIN总线的数据传送速率是1~20kbit/s。

（7）CAN总线系统内部故障管理　为了保证数据的安全性，CAN总线具有很强的内部故障管理功能。这样就可以识别出可能出现的数据传递故障，从而采取相应的措施。无法识别故障的概率，也就是所谓的剩余误差概率（小于10^{-12}），这个概率值相当于每辆车在使用寿命内出现4次数据传递故障。

由于广播的特点（一个发射，其他所有的接收并使用），任何一个网络使用者如果发现一个传递故障，那么其他所有的网络使用者都会立即收到一个信息通知，这个通知称为"错误帧"。于是所有网络使用者就会拒收当前的信息，随后该信息会自动再发送一次。故障原因可能是由于车上电压波动较大，例如车在起动时或有来自外部较强的干扰时。

由于不断识别出故障，因此自动重新发送过程就越来越多，为此每个网络使用者都配有一个内部故障计数器，它可以累计识别出的故障，在成功完成重新发送过程后计数器再递减计数。内部故障计数器只负责内部的故障管理，无法读出其中的内容。

当超过某一规定的界限值（相当于最多32次重新发送过程）时，相应的控制单元会得到通知并被CAN总线关闭。两次总线断开状态后（在此期间无通信），故障存储器就会记录一条故障。经过一段固定的等待时间（约0.2s）后，控制单元会自动再接到总线上，如图2-10所示。

信息的传递一般是按规定的循环时间来进行的，这样才能保证及时地传递相应的信息。如果出现延迟，也就是说：至少有10条信息未收到，那么所谓的时间监控功能（信息超时）就会启动。于是正在接收的控制单元故障存储器内也记录一个故障，这是故障管理中的第二套机构。由此产生如下故障信息，这些信息用于售后服务故障诊断：

①数据总线损坏。相应的控制单元有严重故障，该控制单元至少两次与总线断开（Bus-Off）。

②无相关控制单元信息或无法与相关控制单元取得联系。无法及时接收到信息，时间监控启动。

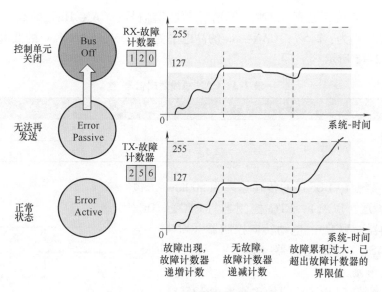

图 2-10　CAN 总线故障识别示意图

（8）北汽新能源 EV160 CAN 总线结构　北汽新能源 EV160 CAN 总线采用多种总线数据系统，如图 2-11 所示。

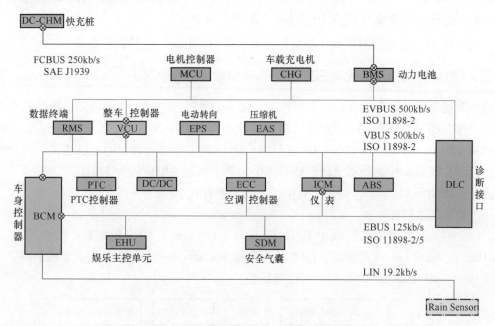

图 2-11　北汽新能源 EV160 CAN 总线结构图

新能源 CAN 总线系统的传输速率为 500kb/s，包括电机控制器（MCU）、车载充电机（CHG）、动力电池（BMS）、数据终端（RMS）和整车控制器（VCU）等控制单元。EV160 新能源 CAN 总线回路中各管理器之间并联连接，内设两个电阻，分为位于整车控制器和电池管理系统中，单个电阻的阻值约为 120Ω。北汽新能源电动汽车电机控制器对所有的输入信号进行处理，并将驱动电机控制系统运行状态的信息通过 CAN2.0 网络发送给整车控制器。

新能源 CAN 总线系统的 CAN 总线信号和逻辑信号：CAN-High 的高电平为：3.5V，CAN-High 的低电平为：2.5V；CAN-Low 的高电平为：2.5V，CAN-Low 的低电平为：1.5V，如表 2-3 和图 2-12 所示。

表 2-3　CAN 总线逻辑信号

电　位	逻辑状态	U（CAN-High 搭铁）/V	U（CAN-Low 搭铁）/V	电压差/V
显性	0	3.5	1.5	2
隐性	1	2.5	2.5	0

原厂总线系统（VBUS）的传输速率为 500kb/s，包括车身控制单元（BCM）、PTC 控制器（PTC）、DC/DC、整车控制器（VCU）、电动转向控制器（EPS）、空调压缩机（EAS）、空调控制器（ECC）、仪表（ICM）和 ABS 等控制单元。

车身总线系统（EBUS）的传输速率为 125kb/s，包括车身控制单元（BCM）、娱乐主控单元（EHU）、安全气囊控制单元（SDM）、空调控制器（ECC）和仪表（ICM）等控制单元。

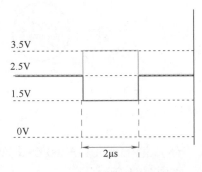

图 2-12　CAN 总线信号和逻辑信号

LIN 总线系统的传输速率为 19.2kb/s，其中，车身控制单元（BCM）是主控制单元，雨量传感器（Rain Sensor）是从控制单元。

二、U011087 与 MCU 通信丢失（CAN 通信故障码及含义）

北汽新能源电动汽车电机控制器对所有的输入信号进行处理，并将驱动电机控制系统运行状态的信息通过 CAN2.0 网络发送给整车控制器。EV160/200 新能源 CAN 总线系统网络拓扑结构如图 2-13 所示。EV160/200 新能源 CAN 回路中各管理器之间并联连接，内设两个电阻，分为位于整车控制器和电池管理系统中，单个电阻的阻值约为 120Ω。

产生的故障码 U011087 与 MCU 通信丢失的原因有：

1）MCU 发送报文失败。

2）线束问题（CAN 双绞线中 CAN-High 与 CAN-Low 之间出现短路；CAN 双绞线中 CAN-High 或 CAN-Low 出现断路；CAN 的双绞线中 CAN-High 或 CAN-Low 搭铁短路；CAN 的双绞线中 CAN-High 或 CAN-Low 对正极短路）。

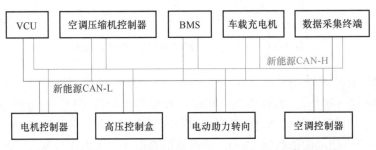

图 2-13　EV160/200 新能源 CAN 总线系统网络拓扑结构图

3）低压插件接触不良。

4）CAN 总线系统受干扰严重。

三、U011087 与 MCU 通信丢失故障诊断步骤（CAN 总线故障诊断步骤）

CAN 总线系统出现故障时，维修人员应首先检测 CAN 总线系统是否正常。因为如果 CAN 总线系统有故障，则 CAN 总线系统中的有些信息将无法传输，接收这些信息的电控模块将无法正常工作，从而为故障诊断带来诊断思路。对于 CAN 总线系统故障的维修，应根据 CAN 总线系统拓扑结构进行具体分析。

对于单独某一个总线系统（以新能源 CAN 总线系统，U011087 与 MCU 通信丢失为例）常见故障一般有三种：

1. 低压电源故障引起的总线系统故障

MCU 控制单元的正常工作电压在 10.5～15V 范围内，若汽车电源系统提供的工作电压低于或高于该值就会造成 MCU 控制单元出现停止工作，从而使新能源 CAN 总线系统出现无法与 MCU 控制单元通信。

（1）故障现象　车辆无法行驶，仪表报动力电池断开、整车故障、能量回收关闭。MCU 控制单元无法工作或偶尔无法工作，读取故障码为 U011087 与 MCU 通信丢失。

（2）故障原因分析　由于控制单元没有工作电压，控制单元无法工作，从而造成该控制单元无法正常接收与发送报文，在该 CAN 总线上的其他控制单元产生 U011087 与 MCU 通信丢失故障码。

（3）故障诊断方法　应根据低压电路图 MCU 电源电路去分析与查找具体的故障部位。

2. 新能源 CAN 总线系统的链路故障

当新能源 CAN 总线系统链路（即线路故障）出现故障时，如：总线线路的短路、断路以及线路物理性质引起的通信信号衰减或失真，则会引起新能源 CAN 总线系统无法正常工作。判断是否链路故障时，一般采用波形仪观察通信波形是否与标准波形相符。

（1）故障现象　车辆无法行驶，仪表报动力电池断开、整车故障、能量回收关闭。MCU 控制单元无法工作或偶尔无法工作，读取故障码为 U011087 与 MCU 通信丢失。

（2）故障原因分析

① CAN 总线的双绞线中 CAN-High 与 CAN-Low 之间出现短路。

② CAN 总线的双绞线中 CAN-High 或 CAN-Low 出现断路。

③ CAN 总线的双绞线中 CAN-High 或 CAN-Low 搭铁短路。

④ CAN 总线的双绞线中 CAN-High 或 CAN-Low 对正极短路。

⑤ 低压插件接触不良。

⑥ CAN 总线系统受干扰严重。

（3）故障诊断方法

① 关闭点火开关，并将蓄电池断电 10min 以上（让各个控制单元以及电器中的电容充分放电），将 MCU 接插件拆下，利用万用表电阻档测试 31 与 32 脚之间的阻值是否为 60Ω。如果为 60Ω 说明线路连接良好，如果不是 60Ω 则说明线路有问题，进行下面测试。

② CAN 总线的双绞线中 CAN-High 与 CAN-Low 之间出现短路。利用 DSO 数字示波器同时测试 31 与 32 脚波形，如果出现图 2-14 所示的波形，说明 CAN 总线的双绞线中 CAN-High

与 CAN-Low 之间出现短路，根据电路图查找相应的故障部位。一般情况下，如果 CAN 总线的双绞线中 CAN-High 与 CAN-Low 之间出现短路，新能源 CAN 总线系统中的各个控制单元将无法进行数据通信。

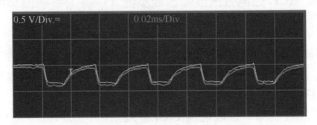

图 2-14　CAN 总线短路故障波形图

③ CAN 总线的双绞线中 CAN-High 或 CAN-Low 出现断路。利用 DSO 数字示波器同时测试 31 与 32 脚波形，如果出现图 2-15 所示的波形，说明 CAN 总线的双绞线中 CAN-Low 断路。根据电路图查找相应的故障部位。

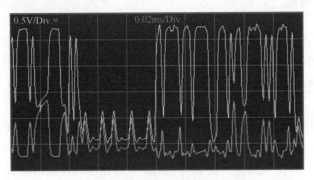

图 2-15　CAN 总线断路故障波形图

④ CAN 总线的双绞线中 CAN-High 或 CAN-Low 搭铁短路。利用 DSO 数字示波器同时测试 31 与 32 脚波形，如果出现图 2-16 所示的波形，说明 CAN 总线的双绞线中 CAN-Low 搭铁短路。根据电路图查找相应的故障部位。

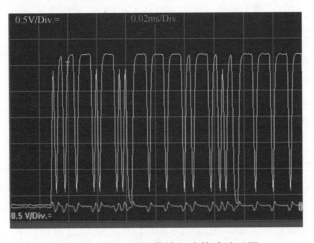

图 2-16　CAN 总线搭铁短路故障波形图

⑤ CAN 总线的双绞线中 CAN-High 或 CAN-Low 对正极短路。利用 DSO 数字示波器同时测试 31 与 32 脚波形，如果出现图 2-17 所示的波形，说明 CAN 总线的双绞线中 CAN-High 搭铁短路。根据电路图查找相应的故障部位。

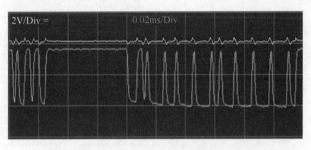

图 2-17　CAN 总线对正极短路故障波形图

⑥ CAN 总线系统受干扰严重。利用 DSO 数字示波器同时测试 31 与 32 脚波形，新能源 CAN 总线标准波形如图 2-18 所示。

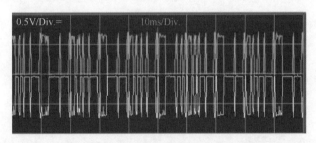

图 2-18　新能源 CAN 总线标准波形图

如果波形中出现不规则毛刺，说明 CAN 总线系统受到干扰。引起 CAN 总线系统受到干扰一般是双绞线没有按照规定缠绕，或者没有按照双绞线维修规则接线。

3. 新能源 CAN 总线系统的节点故障

节点是指新能源 CAN 总线系统中的各个控制单元，因此，节点故障即控制单元故障，其故障包括：

（1）软件故障　传输协议或软件程序有缺陷或冲突，从而使新能源 CAN 总线系统通信出现混乱或无法工作，这种故障一般为成批出现，这种故障只能通过软件升级或者更换控制单元解决。

（2）硬件故障　该故障多是由于通信芯片故障造成 MCU 控制单元无法与其他控制单元进行正常通信。如出现这种故障只能更换 MCU。

Project 3

项目三

电动汽车底盘故障检修

任 务 一　**车辆抖动异响，无法行驶故障检修**

学习目标

1. 掌握新能源汽车电力电子技术基础知识。
2. 掌握电机控制器工作原理及控制策略。
3. 掌握北汽新能源 EV160 电机控制器故障检测方法。
4. 掌握北汽新能源 EV160 电机控制器拆装流程。

知识储备

一、新能源汽车电力电子技术基础知识

1. 常用电力电子器件

电力电子器件通常是一些大功率晶体管。它们与我们学过的二极管或晶体管类似，只不过功率要大得多，承受电压可达到几千伏以上，电流可达几千安以上。这些器件一般都工作在开关状态，开关频率可达几十千赫兹以上。另外，电力电子器件也可做成集成电路模块，其中不仅有主电路，也包括了控制电路和保护电路。下面介绍一些常用的电力电子器件，其外形如图 3-1 所示。

图 3-1　常用电力晶体管的外形

a）整流二极管　b）晶闸管（圆盘式）　c）大功率晶体管　d）MOSFET　e）IGBT

（1）整流二极管　整流二极管或称电力二极管，与普通二极管一样，也具有单向导电性，表示符号也相同，不过电力二极管的正向电流和反向电压要大得多。目前这种整流二极管通过电流可达 6kA，承受电压高达 3kV 以上。

（2）晶闸管　晶闸管与二极管类似，不过是一种可控导通的二极管。它有三个极：阳极 A、阴极 K 和门极（或控制极）G，在电路中的图形符号如图 3-2a 所示。当 A、K 之间加正向电压时，晶闸管并不能导通，只有 G 和 K 之间再加一个正向控制电压（触发脉冲）后，晶闸管才能够导通。一旦导通后，即使取消正向控制电路，晶闸管仍然处于导通状态。当 A、K 之间加反向电压时，无论有没有控制电压，晶闸管都处于关断状态。由于晶闸管可以控制导通但不能控制关断，所以也称为"半控型"器件。

（3）可关断晶闸管　可关断晶闸管（Gate Turn-off thyristor，GTO）与晶闸管类似，可利用门极正脉冲使其触发导通，导通后门极就失去控制作用。欲关断已导通的 GTO，只需在门极上施加一个反向电压和反向脉冲电流。GTO 属于"全控型"器件，如图 3-2b 所示。

图 3-2　晶闸管的图形符号
a）晶闸管　b）可关断晶闸管（GTO）

（4）电力晶体管　电力晶体管（Giant Transistor，GTR）就是大功率晶体管，其工作原理和符号与普通小功率晶体管相同，也有 PNP 和 NPN 两种类型，特性也类似，也有截止、放大、饱和三种工作状态。GTR 也属于"全控型"器件。

（5）功率场效应管　功率场效应管也称电力场效应管，通常指大功率的金属半导体场效应管（Metal Oxide Semiconductor Field Effect Trnsistor，MOSFET）。我们知道，普通晶体管是由基极电流控制集电极电流以及晶体管的工作状态，属于电流控制元件。场效应管与普通晶体管的主要区别是由电压（电场）控制而不是由电流控制晶体管的工作状态，这样就可以用更小的功率控制晶体管的工作。

场效应管也有三个极，分别称为栅极 G、源极 S 和漏极 D。其中栅极为控制极，相当于普通晶体管的基极。通过调节栅极电压，就可以控制源极和漏极之间的电流大小和通断。MOSFET 也属于"全控型"器件。

场效应管内部导电情况的不同，分为"N 沟道"和"P 沟道"两种类型，两种场效应管源极和漏极所接电压极性相反，其图形符号如图 3-3 所示。

（6）绝缘栅双极晶体管　绝缘栅双极型晶体管（Insulated-Gate Bipolar Transistor，IGBT）综合了绝缘栅型场效应管（MOSFET）和电力晶体管（GTR）的结构特点而制成的"复合型"器件。其控制方式与 MOSFET 类似，也是栅极电压控制，导通后的性能则类似于 GTR，因而具备了两种晶体管的优点，例如开关速度快、功率损耗小、导通时压降低、电流大等，在电力电子控制系统中得到了广泛的应用。

IGBT 也有三个极，可按照场效应管的命名分别称为栅极 G、源极 S 和漏极 D，图形符号如图 3-4a 所示。也可以兼顾晶体管的命名习惯，分别称为栅极 G、发射极 E 和集电极 C，如图 3-4b 所示。

2. 电力电子基本电路

电动汽车的驱动电机需要经常工作在起动、加速、减速和制动等变化情况，可以归结为

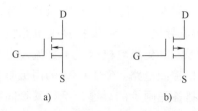

图 3-3 场效应管的图形符号
a）N 沟道 b）P 沟道

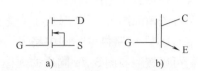

图 3-4 绝缘栅双极型晶体管的图形符号

对电机的调速控制。前面介绍的驱动电机中既有直流电机，又有交流电机。对于不同类型的驱动电机，有不同的调速和控制方法，所涉及的基本电路可以分成电源变换电路（或称为功率变换电路，或简称主电路）和控制电路两大类。图 3-5 为电动汽车驱动电机相关的电路框图。

以下重点介绍常用的电源变换电路。这种变换电路按照电源的类型基本上可以分为交流-直流变换、直流-交流变换、直流-直流变换以及交流-交流变换四种。按照功能划分，可将这些电路划分为整流、逆变、斩波、变频等电路。

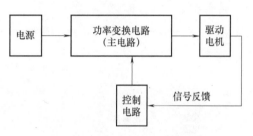

图 3-5 驱动电机的电路框图

（1）可控整流电路 我们知道，整流就是将交流电转换为直流电，也就是交流-直流变换。整流电路有很多种类，既有单相、三相之分，又有半波、全波、桥式整流等不同类型。在电力电子技术中，仍有这些基本类型，不过整流电路多为可以控制的，常采用晶闸管类元件组成可控整流电路。控制的目的是，不仅要把交流电变换成直流电，而且直流电的电压大小可以调节。

可控整流电路的原理如图 3-6a 所示。在交流电源和负载之间串联一个晶闸管，在门极 G 与阴极 K 之间接入一个可控的触发电路，能够根据需要产生触发电压脉冲 u_G（图中未画出）。设电源电压为 u，负载上的电压为 u_d，各电压波形如图 3-6b 所示。若无触发脉冲，由于晶闸管完全不通，负载上没有电流。若在交流电正半周内的某个时刻发出触发脉冲，使得晶闸管导通，在正半周剩余时间内负载上就有电压 u_d，是不完整的部分正弦波形。负半周晶闸管不通，负载仍无电压。图中发出触发脉冲时刻对应的角度 α 称为控制角，导通时间对应的角度 θ 称为导通角。可见，调节晶闸管导通的时间，就可以调节负载上得到的电压平均值。

（2）逆变电路 "逆变"与整流相反，就是把直流电变换为交流电，属于直流-交流变换。电动汽车中多采用交流驱动电机，而电源系统主要是直流供电，所以逆变电路是必不可少的。带逆变功能的电路装置称为逆变器。

逆变电路需要可控电子器件，通过分别控制各元件的导通时间来实现直流电到交流电的转换。我们以三相桥式整流与逆变电路的对比来分析逆变电路的原理。可以参考汽车发电机的相关电路。汽车发电机发出的是三相交流电，通过三相桥式整流电路转换成直流电，如图 3-7a 所示。图中给出某个瞬间，A 相电动势最高，B、C 两相电动势最低，此时二极管

VD_1、VD_5、VD_6 导通，形成上正下负的直流电提供给负载。实际上三相电压是交变的，各整流二极管将根据各相电压瞬间的高低按一定顺序轮流导通。图 3-7b 的逆变电路情况正相反，由 6 个可关断晶闸管 GTO 取代了 6 个整流二极管，由交流电机取代了交流发电机，由直流电源给 GTO 主电路供电，图中略去了 GTO 的门极控制电路。6 个 GTO 的门极是分别可控的，我们可以按照与图 3-7a 同样的规律主动地控制各晶闸管的导通，例如某瞬间我们让 VT_1、VT_5、VT_6 同时导通，那么就可以有电流从 A 相流入电机，并从 B、C 相流出电机，如图 3-7b 所示。由此依次给 A、B、C 各相轮流通电，逆变电路就可以提供三相交变的电压和电流。不过因晶闸管是分时段导通的，输出的三相电压虽然交变但不是"正弦"交流电。为了改善逆变电路的性能，实际逆变电路中还需要增加一些电感、电容等元件，使得电压或电流波形更加接近正弦形。

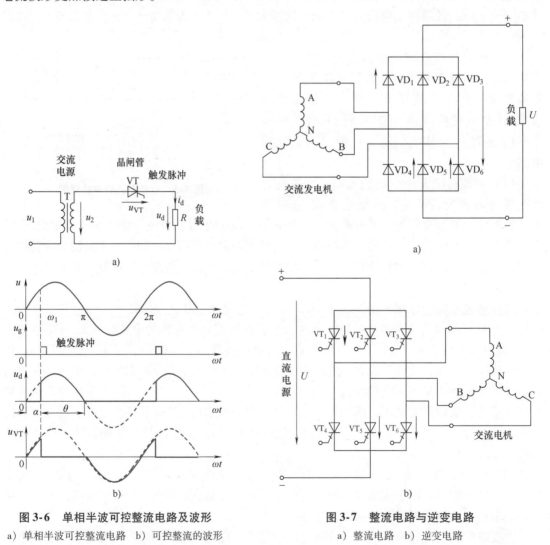

图 3-6　单相半波可控整流电路及波形

a) 单相半波可控整流电路　b) 可控整流的波形

图 3-7　整流电路与逆变电路

a) 整流电路　b) 逆变电路

常用的逆变器主要有三种类型：第一种是电压型逆变器，电路结构的特点是在直流电路中有一个并联的大电容，使逆变前的电压基本不变，性能特点是电压稳定，但动态性能较差；第二种是电流型逆变器，电路结构的特点是在直流电路中串联一个大电感，使逆变前的电流相对稳定，性能特点是动态性能比较好，电路结构也比较简单；还有一种称为"脉宽调制"型逆变器，电路结构与前两者都不同，特点是输出电压、频率都可调的脉冲。

按具体电路的性能需要，也可采用晶闸管、GTO、MOSFET 或 IGBT 等器件作开关元件。另外，逆变电路还需要触发控制电路控制其导通状态，因而实际电路要复杂得多。

实际上"逆变"功能常常是与"变频"功能相联系的。为了控制交流电机的转速，常需在逆变的基础上控制交流电的频率。所以一般逆变器也常有变频功能。电动汽车的交流电机就是由逆变器驱动控制的。

另外，有些电动汽车（主要是混合动力电动汽车）上有交流发电机，可以提供交流电源，为了控制驱动电机的运行，需要先将交流变为直流（整流），再由直流变为交流（逆变），这套设备称为交-直-交逆变器。

（3）直流斩波电路　直流斩波电路属于直流-直流转换，也叫 DC/DC 变换器。这种电路通过电子器件的开关作用将恒定的直流电压变换为一系列脉冲，从而改变脉冲宽度，就可以改变平均电压和电流，称为可调的直流电源。若输出电压比输入电压低，称为降压斩波电路；反之称为升压斩波电路。带直流斩波电路的装置称为斩波器。斩波器常用于直流电机的调速控制、给蓄电池充电，或车内不同等级电压的电源间能量转换。

1）降压斩波电路。图 3-8 为降压直流斩波电路示意图。图中开关元件 VT 采用绝缘栅晶体管 IGBT，用电机作负载，二极管 VD 用作续流（释能）二极管。

当 IGBT 有正的控制电压 u_G（栅极 G 对发射基 E）时，IGBT 导通，电机 M 上有电压 u_0，约等于电源电压 U（见图 3-8b）。当控制电压 u_G 为零时，电机上也没有电压。因此，若控制电压 u_G 为一系列脉冲，则输出电压 u_0 将是与控制电压 u_G 相似的一系列的脉冲。由于输出电路中存在电感 L，当 VT 导通时，电流 i_0 逐渐增加，而当 VT 关断时电流 i_0 逐渐减小。电感 L 越大，电流起伏波动就越小。若 VT 导通与关断时间分别是 t_1 与 t_2，脉冲周期 $T = t_1 + t_2$，通常将 t_1/T 称为脉冲占空比，用 α 标示，即 $\alpha = t_1/(t_1 + t_2) = t_1/T$。占空比 α 可在 0～1（即100%）之间变化。改变占空比 α，则输出电压 u_0 的平均值可在 0～U 之间变化。这种电路常用于直流电机的降压调速。

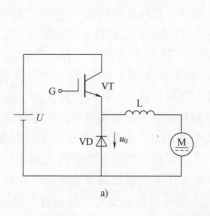

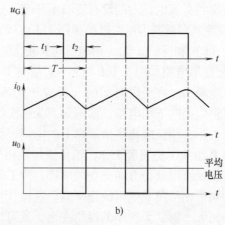

a）　　　　　　　　　　　　　　　　b）

图 3-8　降压直流斩波电路示意图

a）斩波电路原理图　b）电压电流波形

2）升压斩波电路。升压斩波电路与降压斩波电路类似，只不过元件的位置有些变动。图3-9为电动汽车中常用的升压直流斩波电路示意图，用于直流发电机给蓄电池充电。图3-9a中发电机G为电源，其电动势为E，被充电的蓄电池作负载，电压为u_0与降压斩波器类似，在绝缘栅晶体管VT的栅极G对地之间施加一系列脉冲u_G，则VT一直处于反复开关状态。

当VT导通时，电感L上的电流i_0逐渐增加，并经VT形成回路。当VT关断时，电感L上的电流i_0不能立即减小到0，而是逐渐减小，并经二极管给蓄电池充电。此时i_0在电感L上产生自感电动势e，如图3-9a中的虚线所示，方向与电流i_0相同。可见输出电压u_0等于发电机电动势E与电感L上的电动势e之和，所以此电路起到升高电压的作用。图3-9b为控制电压u_G、输出电流i_0和输出电压u_0等于发电机电动势E与电感L上的电动势e之和，所以此电路起到升高电压的作用。图3-9b为控制电压u_G、输出电流i_0和输出电压u_0的波形。电感L越大，电流i_0的波动就越小。

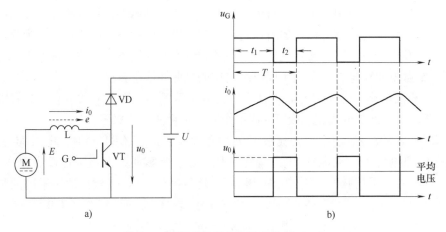

图3-9　升压直流斩波电路示意图（一）

a）斩波电路原理图　b）电压电流波形

（4）交流-交流变换电路　交流-交流变换（AC/AC变换）电路将一种交流电变为另一种频率可调的交流电，中间没有直流电环节。这种电路装置称为交-交变频器。

交-交变频器的基本电路框图如图3-10a所示。电路中有两组相同的全控整流电路，分别称为正组（F）和反组（R），两组反向并联，轮流给负载供电，使负载上得到交流电流。

交-交变换电路如图3-10b所示。F组与R组都采用全波可控整流电路，并接到同一个三相交流电源上。在一段时间内（对应于交流电源的若干周期）由F组6个整流管工作，给负载提供由上向下的电流，如图3-10b中实线箭头所示；在下一段相同时间内，由R组6个整流管工作，给负载提供由下向上的电流，如图3-10b中实线箭头所示；在下一段相同时间内，由R组6个整流管工作，给负载提供由下向上的电流，如图3-10b中虚线箭头所示。这样，负载就可以获得方向交变的电流。为了能够给负载提供类似正弦形的交流电，需要交流电源的频率比给负载供电的频率高。这样，在F组工作期间通过调节整流管的控制角度使之按从小到大、再从大到小的规律变化，就可以使负载得到由低变高、再由高变低的电压，这就构成正半周交流电。同样，在R组工作期间调节各整流管的控制角，给负载提供负半周交流电，从而负载得到的是频率比较低的、接近正弦形的交流电压。

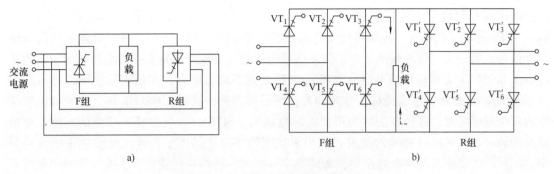

图3-10　升压直流斩波电路示意图（二）

a）交-交变频器的基本电路框图　b）交-交变换电路

交-交变换电路既可以改变输出的电流电压，又可以根据负载需要改变输出的交流电频率，所以也称为交-交变频器。在有交流发电机的电动汽车上，有时就采用这种交-交变频器驱动电机，它省去了交-直-交变频器中间的直流环节。

（5）脉宽调制技术　脉宽调制（Pulse Width Modulation，PWM）是指通过对脉冲系列宽度的调节来产生可控的等效直流电或交流电的技术。

前述直流斩波电路中，如果不改变脉冲周期 T，只改变通电与断电时间的比例以产生等效的可调直流电压，属于脉宽调制方法。

直流脉宽调制方法的原理如图3-11所示。用一个直流参考电压信号 U 与一个三角波形信号进行比较，凡是参考电压大于三角波电压时就输出正脉冲触发信号 u_G，反之则不输出触发信号。而正的触发信号 u_G 将触发大功率晶体管导通，输出电压 u_0 将形成与触发信号形状相同的脉冲系列。如果改变参考电压 U_r 的大小，就可以改变输出脉冲的宽度。如图3-11b、c所示，分别画出了当参考电压 U_r 大小不同时，触发电压以及主电路输出电压脉冲宽度的变化。

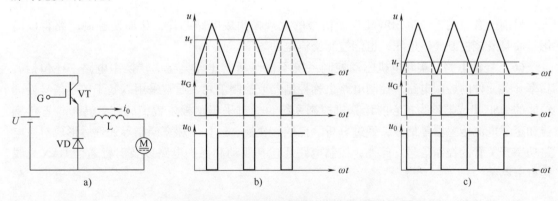

图3-11　直流脉宽调制（PWM）方法

a）基本电路　b）参考电压 U_r 较高　c）参考电压 U_r 较低

这种脉宽调制方法并不改变脉冲系列的周期或频率，只改变脉冲占空比。改变了占空比，输出电压的平均值也随之改变。

脉宽调制技术更多地用于交-直-交逆变电路，称为脉宽调制型逆变器。脉宽调制型逆变器基本电路图和常用的调制方法如图3-12所示。逆变器主电路中，整流器采用不可控整流器，电容器 C 起稳定直流电压的作用。VT$_1$ ~ VT$_6$ 为 6 个 MOSFET 管，作功率开关元件，VD$_1$ ~ VD$_6$ 为反馈二极管。各功率开关管的控制原理如图 3-12b 所示，图中以正弦波信号做参考信号，用一个三角波形信号与正弦波信号电压进行比较，凡是正弦波瞬时值大于三角波时则向 MOSFET 管的栅极输出触发电压 u_G，反之则不输出电压，在负半周也同样处理。于是触发电压 u_G 就形成了宽度按正弦规律变化的脉冲系列，这样 MOSFET 开关管就可以按相似的正弦规律导通。这种方法称为正弦波脉宽调制（SPWM）。若改变正弦波的幅值，也可以改变脉冲系列的所有脉冲的宽度，相当于改变输出电压的大小；若改变参考正弦波的频率，就可以改变输出脉冲系列正负交变的频率。因此，脉冲系列就相当于电压和频率都可调节的交流电。用这样的脉冲系列去驱动电机，效果与正弦交流电相同。

这种脉宽调制型逆变器与上述一般的交-直-交逆变器类似，但由于脉宽调制型逆变器本身即可调节输出电压，所以整流环节就不必用可控整流器而是采用不可控整流器（即普通二极管作整流元件），从而简化了控制电路。

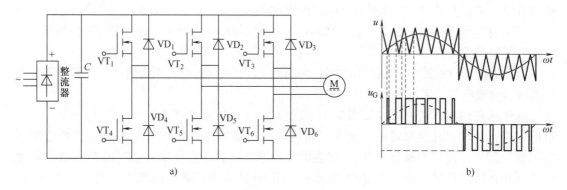

图 3-12　正弦波脉宽调制方法示意图

a）逆变器电路图　b）SPWM 方法原理

目前已有专用于产生 SPWM 控制信号的大规模集成电路芯片，从而使控制电路得以简化，而且既能控制交流电压，也能控制交流电的频率。

（6）控制电路　实际电机驱动控制系统不仅包括上述各类功率转换主电路，还包括大功率开关元件的控制电路。控制电路也称控制器或控制单元，通常采用以基于数字信号处理功能的 DSP 集成器件为核心的计算机控制系统，通过采集踏板位置传感器、转子位置传感器和定子电流传感器等信号，经过分析、比较、变换、运算、脉宽调制等处理后形成对主电路功率开关管的控制信号。此外，控制电路还包括驱动和保护电路以及串行通信 CAN 总线接口电路等。

二、电机控制器的工作原理及控制策略

1. 电机控制器的工作原理

电机控制系统是电动汽车三大核心部件之一，是车辆行驶的主要执行机构，其特性决定了车辆的主要性能指标，直接影响车辆动力性、经济性和用户驾乘感受。可见，电机控制系统是电动汽车中十分重要的部件。电机控制系统由驱动电机（DM）、驱动电机控制器（MCU）构成，通过高低压线束、冷却管路，与整车其他系统作电气和散热连接。

整车控制器（VCU）根据驾驶人意图发出各种指令，电机控制器响应并反馈，实时调整驱动电机输出，以实现整车的怠速、行驶、倒车、停车、能量回收以及驻坡等功能。电机控制器另一个重要功能是通信和保护，实时进行状态和故障检测，保护驱动电机系统和整车安全可靠运行。为了保证电动汽车控制策略的实现，电机控制器需要和整车控制器共同协作，来实现以下整车功能。整车控制器的功能描述见表 3-1。

表 3-1　整车控制器功能定义及简要描述

功　能	简要功能描述
正常行驶	基本起步、加速、减速、滑行、倒车、停车等功能，包括对加速踏板、制动踏板、档位信号的处理；实现整车定义的最高车速、加速时间和最大爬坡度等动力性要求；实现整车定义的续航里程和能量消耗率等经济性要求
CAN 网络通信及管理	实现整车控制器与电机控制器、电池管理系统和仪表之间的 CAN 通信，并按规定的协议，对 CAN 通信进行管理，对总线故障进行处理
上、下电管理	整车控制器通过控制高低压配电箱，对整车的弱电和强电上电和下电过程进行监控、管理
故障监控和管理	对网络总线、系统软硬件、高压安全方面可能出现的故障进行监控识别，对故障进行分类，确定故障等级，再根据故障等级分别采用不同的措施
附件管理	对 DC/DC、空调、PTC、打气泵和风扇灯等进行控制，使得能量利用得以优化，保证经济性
充电管理	对整车停车充电进行管理、监控，保证充电安全

（1）电机控制器的组成和功用　电机控制器是驱动电机系统的控制中心，又称智能功率模块，以 IGBT（绝缘栅双极型晶体管）模块为核心，辅助以驱动集成电路、主控集成电路，如图 3-13 所示，主要由接口电路、控制主板、IGBT 模块、超级电容、放电电阻、电流传感器和壳体水道等组成。

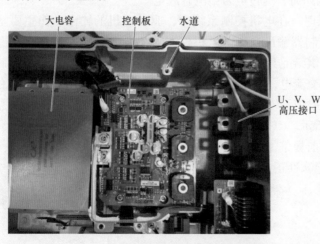

大电容　　控制板　　水道

U、V、W
高压接口

图 3-13　电机控制器内部构成实物图

电机控制器的结构

电机控制器对所有的输入信号进行处理，并将驱动电机控制系统运行状态的信息通过

CAN2.0 总线发送给整车控制器。驱动电机控制器内含故障诊断电路，当诊断出异常时，它将会激活一个故障码，发送给整车控制器，同时也会存储该故障和数据。使用以下传感器为驱动电机系统提供工作信息，包括电流传感器（用以检测控制器工作的实际电流，包括母线电流、三相交流电流）、电压传感器（用以检测供给电机控制器工作的实际电压，包括动力蓄电池电压、12V 蓄电池电压）、温度传感器（用以检测电机控制系统的工作温度，包括IGBT 模块温度、电机控制器负载温度）。

电机控制器控制主板的功能：

① 与整车控制器通信。

② 监测直流母线及相电流。

③ 控制 IGBT 模块。

④ 采集 IGBT 温度。

⑤ 反馈 IGBT 模块和电机温度。

⑥ 旋转变压器励磁供电。

⑦ 旋转变压器信号检测与分析。

⑧ 信息反馈。

电机控制器 IGBT 模块的功能：

① 信号反馈给电机控制器主板。

② 监测直流母线电压。

③ 直流转换交流及变频。

④ 监测相电流的大小。

⑤ 检测 IBGT 模块温度。

⑥ 三相整流。

电器控制器超级电容和放电电阻的功能：

① 超级电容：在高压电路上电时给电容充电，在电机起动时保持电压的稳定。

② 放电电阻：断开高压电路时，通过电阻给电容放电。

（2）电机控制器的工作原理　在电机控制系统中，驱动电机的输出动作主要是靠控制单元给定命令进行执行，即控制器输出命令。电机控制器主要是将输入的直流电逆变成电压、频率可调的三相交流电，供给配套的三相交流永磁同步电机使用。驱动电机控制器将动力蓄电池提供的直流电转化为交流电，然后输出给电机，如图 3-14 所示；通过电机的正转来实现整车加速、减速；通过电机的反转来实现倒车；通过有效的控制策略，控制动力总成以最佳方式协调工作，如图 3-15 所示。

驱动电机系统正常工作的前提条件如下：

① 高压电源输入正常（绝缘性正常）。

② 低压 12V 电源供电正常。

③ 与整车控制器通信正常。

④ 电容放电正常。

⑤ 旋转变压器信号正常。

⑥ 三相交流输出电路正常。

⑦ 电机及电机控制器温度正常。

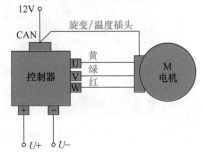

图 3-14　电机控制器与电机连接示意图

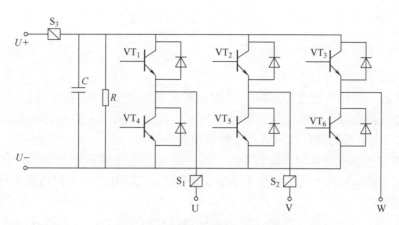

图 3-15　电机控制器的工作原理

⑧ 开盖开关信号正常。

（3）电机控制器的驱动系统及电机控制器相关术语　电机控制器的驱动系统有直流电机驱动系统、交流感应电机驱动系统、交流永磁电机驱动系统和开关磁阻电机驱动系统。

1）直流电机驱动系统。电机控制器一般采用脉宽调制（PWM）斩波控制方式，控制技术简单、成熟、成本低，但具有效率低、体积大等缺点。

2）交流感应电机驱动系统。电机控制器采用 PWM 方式实现高压直流到三相交流的电源变换，采用变频调速方式实现电机调速，采用矢量控制或直接转矩控制策略实现电机转矩控制的快速响应。

3）交流永磁电机驱动系统。包括正弦波永磁同步电机驱动系统和梯形波无刷直流电机驱动系统，其中正弦波永磁同步控制器采用 PWM 方式显示高压直流到三相交流的电源变换，采用变频调速方式实现电机调速；梯形波无刷直流电机控制器常采用"弱磁调速"方式实现电机的控制。由于正弦波永磁同步电机驱动系统低速转矩脉动小，且高速恒功率区调速更稳定，因此比梯形波无刷直流电机驱动系统具有更好的应用前景。

4）开关磁阻电机驱动系统。开关磁阻电机驱动系统的电机控制一般采用模糊滑膜控制方法。目前，电动汽车所用电机大部分为永磁同步电机。交流永磁电机采用稀土永磁体励磁、与感应电机相比不需要励磁电路，具有效率高、功率密度大、控制精度高、转矩脉动小等特点。

5）电机控制器的相关术语：

① 额定功率：在额定条件（额定电压、额定频率和额定负载）下的输出功率。它描述了电机的做功能力。

② 峰值功率：在规定的持续时间内，电机允许的最大输出功率。与额定功率相比，额定功率是正常长时间稳定时的工作状态，而峰值功率是负载突然变化，电机短时间能带起的最大功率。

③ 额定转速：额定功率下电机的转速。即满载时的电机转速，又叫作满载转速。

④ 最高工作转速：相应于电动汽车最高设计车速的电机转速。

⑤ 额定转矩：电机在额定功率和额定转速下的输出转矩。

⑥ 峰值转矩：电机在规定的持续时间内允许输出的最大转矩。

⑦ 电机及电机控制器整体效率：整体效率 = $\dfrac{\text{电机转轴输出功率}}{\text{控制器输入功率}} \times 100\%$。

2. 旋转变压器工作原理

旋转变压器（又称为旋变传感器）是指安装在电动汽车电机内部，起着测定转子磁极位置从而为逆变器提供正确换向信息的重要作用，位置传感器主要包括电磁式（旋转变压器）、光电式（光电编码器）和磁敏式（霍尔位置传感器）。

（1）旋转变压器工作原理　旋转变压器是一种输出电压随转子位置角变化而变化的信号元件，由于其结构坚固，受干扰较小，响应速度快，广泛应用于高温高速运行场合，缺点是信号处理较复杂。

磁阻式旋转变压器与传统线绕式旋转变压器原理的区别较大。传统线绕式旋转变压器的气隙均匀，通过转子信号绕组与定子励磁绕组之间的相对位置变化来计算转子转角位置变化。而磁阻式旋转变压器的信号绕组和励磁绕组均固定在旋转变压器的定子上，仅通过转子凸极效应产生具有正弦轨迹的气隙磁导变化，在信号绕组感应出正、余弦信号。旋转变压器三相绕组关系示意如图 3-16 所示。在励磁绕组中通一定频率的正弦电压，随着转子位置的改变，励磁绕组与相互垂直的两个输出绕组（正弦绕组及余弦绕组）的耦合发生改变，从而使输出绕组的感应电势随转子位置成正余弦规律变化。

图 3-17 为磁阻式多极旋转变压器的工作原理示意图，其中画出了 5 个定子齿，4 个转子齿。定子槽内安置了逐槽反向串接的输入绕组 1-1 和两个间隔绕制反向串接的输出绕组 2-2、3-3。当给输入绕组 1-1 加上交流正弦电压时，两个输出绕组 2-2、3-3 中分别得到两个电压，其幅值主要取决于定子和转子齿的相对位置间气隙磁导的大小。当转子相对定子转动时，空间的气隙磁导发生变化，转子每转过一个转子齿距，气隙磁导变化一个周期；而当

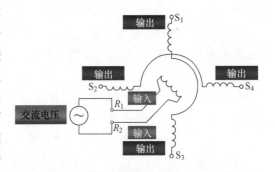

图 3-16　旋转变压器三相绕组关系示意图

转子转过一周时，气隙磁导变化的周期数等于转子齿数。这样，转子的齿数就相当于磁阻式多极旋转变压器极对数，从而达到多极的效果。气隙磁导的变化，导致输入和输出绕组之间互感的变化，输出绕组感应的电动势也发生变化。实际应用中是通过输出电压幅值的变化而测得转子的转角的。

（2）旋转变压器结构组成　磁阻式旋转变压器的结构与传统的绕组式旋转变压器不同之处在于：其励磁绕组和输出绕组均安置在定子铁心的槽中，转子仅由带齿的选片叠制而成，不放任何绕组，实现无接触运行。定子冲片内圆冲制有若干大齿（也称为极靴），每个大齿上又冲制若干等分小齿，绕组安放在大齿槽中。转子外圆表面冲制有若干等分小齿，其数与极对数相等。输出和输入绕组均为集中绕制，其正余弦绕组的匝数按正弦规律变化。旋转变压器内部的结构图如图 3-18 所示。

（3）旋转变压器输入输出波形及检测方法　北汽新能源 EV160 电动汽车采用的磁阻式旋转变压器，旋转变压器输入输出波形图如图 3-19 和图 3-20 所示。

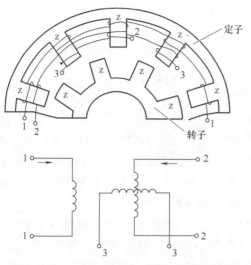

图 3-17 磁阻式多极旋转变压器的工作原理示意图

图 3-18 旋转变压器内部的结构图

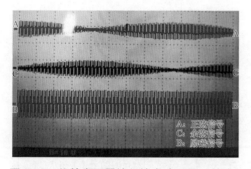

图 3-19 旋转变压器输入输出波形图（缩小）

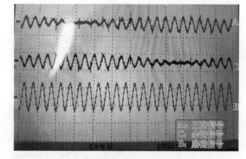

图 3-20 旋转变压器输入输出波形图（放大）

旋转变压器检测方法如下：

① 励磁绕组参考电压：将点火开关置于 ON 位，测量插件端应有 $3 \sim 3.5V$ 交流电压。

② 正弦绕组阻值：拔下插件，测量传感器端子应有 $60 \pm 10\Omega$ 电阻。

③ 余弦绕组阻值：拔下插件，测量传感器端子应有 $60 \pm 10\Omega$ 电阻。

④ 励磁绕组阻值：拔下插件，测量传感器端子应有 $30 \pm 10\Omega$ 电阻。

（4）其他位置传感器 光电编码器是一种通过光电转换将输出轴上的机械几何位移量转换成脉冲或数字量的传感器，由光栅盘和光电检测装置组成。这是目前应用最多的编码器。根据检测原理，编码器可分为光学式、磁式、感应式和电容式。根据其刻度方法及信号输出形式，可分为增量式、绝对式以及混合式三种。

霍尔传感器是一种磁传感器，霍尔传感器以霍尔效应为其工作基础，一般是由霍尔元件和它的附属电路组成的集成传感器。用它可以检测磁场及其变化，永磁同步电机的转子为永磁铁，通过霍尔传感器可检测转子磁场强度，通常为开关型霍尔传感器。

3. 驱动电机的控制策略

（1）开关磁阻电机（SRM）驱动系统控制策略 开关磁阻电机（SRM）驱动系统的控制策略有开环转矩控制策略和闭环转矩控制策略。

1）开环转矩控制策略。通过合适的选择控制变量，也就是导通区间和参考电流，可以设计一个 SRM 开环控制策略。开环控制策略主要由以下几部分内容组成：

① 初始转子位置的检测。

② 参照转矩，电流和转速信号计算导通区间的开通角与关断角。

③ 检测转子位置，选择导通相。

④ 在低速时，选择一控制策略调节相电流。

2）闭环转矩控制策略。主控制模块负责产生功率开关的门极信号，同时兼顾实施电流调节和换相。为了完成这些任务，需要参考电流、导通区间和励磁序列。转矩控制器提供参考电流，同时与换相有关的信息从一个分立模块得到，通过这个模块，按照不同控制器的要求，实现电动、发电以及转向。反馈信息通过估算或者传感器产生。

（2）北汽新能源 EV160 电动汽车电机控制策略　北汽新能源 EV160 电动汽车电机的控制策略是基于 STATE 机制的驱动电机系统上下电控制策略。根据北汽电动汽车 EV160 对 STATE 机制上下电策略的要求，约束了该机制下 MCU 在整车上下电过程各 STATE 中应执行的动作指令、需要实现的控制逻辑功能、允许及禁止的诊断等。上下电逻辑流程如图 3-21 所示。

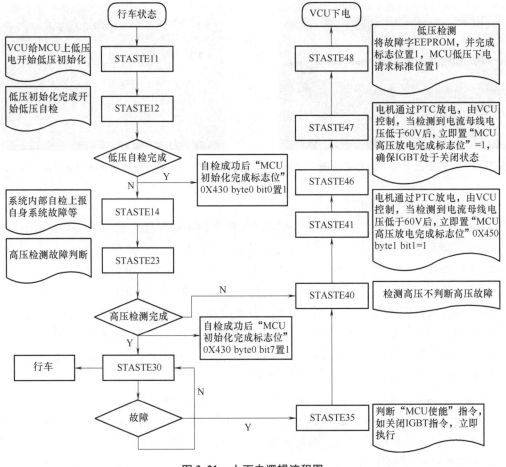

图 3-21　上下电逻辑流程图

1）驱动电机系统上电流程。驱动电机系统上电流程如图 3-22 所示。

2）驱动电机系统下电流程。驱动电机系统下电流程如图3-23所示。

3）驱动电机系统驱动模式。整车控制器根据车辆运行的不同情况，包括车速、档位、电池SOC值来决定电机输出的转矩与功率。

当电机控制器从整车控制器处得到转矩输出命令时，将动力电池提供的直流电转化成三相正弦交流电，驱动电机输出转矩，通过机械传输来驱动车辆。

驱动电机系统
控制策略简介

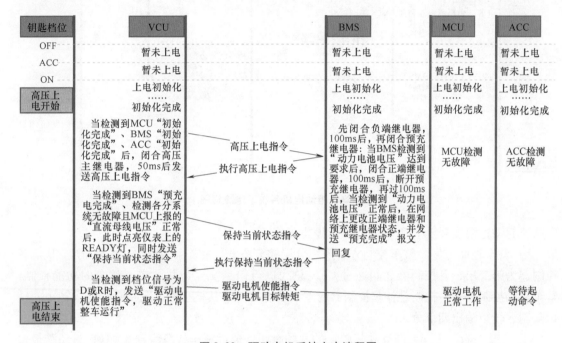

图3-22 驱动电机系统上电流程图

① 电机系统驱动模式。当TM电机控制器从整车控制器处得到转矩输出命令时，将动力电池提供的直流电转化成交流电，以使TM电机输出转矩，此时TM电机输出转矩驱动车辆。

② 电机系统发电模式。当车辆在溜车或制动时，电机控制器从整车控制器得到发电命令后，电机控制器将电机处于发电状态。此时电机会将车辆动能转化成交流电能，然后交流电通过电机控制转化为直流电，存储到电池中。

4）电机控制系统温度保护控制策略。

① 电机温度保护。当控制器监测到驱动电机温度传感器显示：120℃≤温度＜140℃时，降功率运行；温度≥140℃时，降功率至0，即停机。

② 控制器温度保护。当控制器监测到散热基板温度≥85℃时，超温保护，即停机；当控制器监测到散热基板温度为75～85℃时，降功率运行。

③ 冷却系统温度保护。当控制器监测到驱动电机温度传感器显示：45℃≤温度＜50℃时冷却风扇低速起动；温度≥50℃时，冷却风扇高速起动；温度降至40℃时冷却风扇停止工作。当控制器监测到散热基板温度≥75℃时，冷却风扇低速起动；温度≥80℃时，冷却风

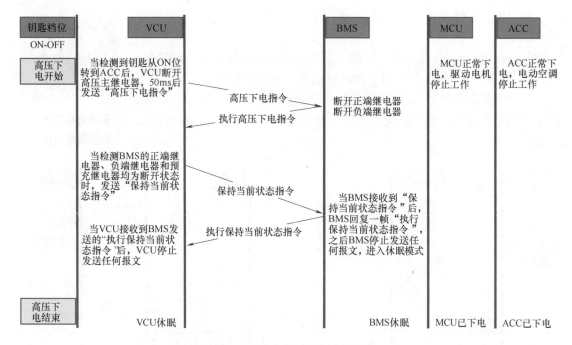

图 3-23　驱动电机系统下电流程图

扇高速起动；温度降至 75℃ 时冷却风扇停止工作。

5）整车控制方案。整车控制方案采用分层控制方式，整车控制器作为第一层，其他各控制器为第二层，各控制器之间通过 CAN 总线进行信息交互，共同实现整车的功能控制。整车驱动控制及转矩控制是整车控制器的主要功能之一，其核心是工况判断、需求转矩、转矩限制、转矩输出四部分。

① 工况判断。工况判断反映驾驶人的驾驶意图，通过整车状态信息（加速/制动踏板位置、当前车速和整车是否有故障信息等）来判断出当前需要的整车驾驶需求（如起步、加速、减速、匀速行驶、跛行、限速、紧急断高压）。工况包括紧急故障工况、怠速工况、加速工况、能量回收工况、零转矩工况、跛行工况等，各工况间互斥且唯一。

② 需求转矩。根据驾驶人驾驶意图的转换判断得出的整车工况、动力电池系统和电机驱动系统状态，从而计算出当前车辆需要的转矩。

③ 转矩限制。零转矩后切断高压。

怠速工况：目标车速 7km/h。

加速工况：加速踏板的跟随。

能量回收工况：发电。

零转矩工况：零转矩。

跛行工况：限功率、限车速。

转矩限制因素有：

动力电池的允许充放电功率、温度、SOC；驱动电机的驱动转矩、制动转矩、温度；电辅助系统工作情况、放电、发电；最大车速限制，前进档和倒车档。

④ 转矩输出——驾驶人驾驶意图的实现。根据整车当前的参数和状态及前一段时间的

参数及状态，计算出当前车辆的转矩能力，根据当前车辆需要的转矩，最终计算出合理的最需要实现的转矩。

外围相连模块的控制。外围相连驱动模块的控制包括对高压主副继电器、空调系统高压继电器、水泵、DC/DC、冷却风扇、电子转向助力系统的控制。

三、北汽新能源 EV160 电机控制器故障检测

1. 电机控制器 IGBT 故障码及含义

1）MCU IGBT 驱动电路过电流故障见表 3-2。

表 3-2　MCU IGBT 驱动电路过电流故障

故 障 名 称	MCU IGBT 驱动电路过流故障（U/V/W）
故 障 码	P116016/P116116/P116216
故 障 现 象	1. 仪表点亮电机系统专用警告灯 2. 仪表点亮故障灯，警告音短鸣
导致故障的原因	1. 驱动电源欠压 2. 电机短路引起 3. 转子位置信号异常
故障可能造成的影响	1. MCU 无法正常工作 2. 导致 IGBT 损坏 3. 车辆无法行驶
建议的维修措施	1. 检查 MCU 软、硬件版本 2. 更换 MCU

2）MCU 相电流过电流故障见表 3-3。

表 3-3　MCU 相电流过电流故障

故 障 名 称	MCU 相电流过流故障
故 障 码	P113519
故 障 现 象	1. 仪表点亮电机系统专用警告灯 2. 仪表点亮故障灯，警告音短鸣
导致故障的原因	1. 电机短路 2. 转子位置信号异常 3. 线束短路
故障可能造成的影响	1. MCU 无法正常工作 2. 车辆无法行驶
建议的维修措施	1. 重新上电，车辆恢复正常 2. 重新上电，车辆未恢复正常，则更换 MCU

3）电机超速故障见表 3-4。

表 3-4　电机超速故障

故障名称	电机超速故障
故障码	P0A4400
故障现象	整车失去动力输出
导致故障的原因	1. 整车负载突然降低（如冰面打滑） 2. 电机转矩控制失效
故障可能造成的影响	1. MCU 无法正常工作 2. 整车失去动力输出
建议的维修措施	1. 重新上电，车辆恢复正常 2. 重新上电，车辆未恢复正常，则更换 MCU

4）MCU 直流母线欠电压故障见表 3-5。

表 3-5　MCU 直流母线欠电压故障

故障名称	MCU 直流母线欠压故障
故障码	P114016
故障现象	仪表点亮故障灯，警告音短鸣
导致故障的原因	1. 电机系统突然大功率放电 2. 动力电池 SOC 低 3. 电动状态下高压回路非正常断开
故障可能造成的影响	整车动力性能降低，甚至不能正常行驶
建议的维修措施	1. 检查动力电池 SOC 2. 检查高压供电回路

5）电机过温故障见表 3-6。

表 3-6　电机过温故障

故障名称	电机过温故障
故障码	P0A2F98
故障现象	1. 仪表点亮电机系统专用警告灯（闪烁）。 2. 仪表点亮故障灯，警告音短鸣
导致故障的原因	1. 电机长期大负载运行 2. 冷却系统故障
故障可能造成的影响	整车动力性能降低，甚至不能正常行驶
建议的维修措施	1. 间隔一段时间重新上电，车辆恢复正常 2. 间隔一段时间重新上电，故障重复出现，则按以下方法处理： 1）首先优先排查风扇、水泵及其驱动电路故障，若异常，则进行维修 2）然后优先排查是否缺冷却液，若缺冷却液，则及时补加冷却液 3）若不缺冷却液，然后排查冷却管路是否存在堵塞和漏水，若冷却管路存在堵塞和漏水，则进行排查解决

6）MCU 位置信号检测回路故障见表3-7。

表3-7　MCU 位置信号检测回路故障

故 障 名 称	MCU 位置信号检测回路故障
故 障 码	P0A3F00
故 障 现 象	1. 仪表点亮电机系统专用警告灯（闪烁） 2. 仪表点亮故障灯，警告音短鸣
导致故障的原因	1. 旋转变压器线束损坏 2. 旋转变压器解码硬件电路损坏
故障可能造成的影响	1. MCU 无法正常工作 2. 整车不能正常高压上电（行车模式、慢充模式、快充模式）
建议的维修措施	1. 优先检查外部旋转变压器线束、电机侧低压接插件、MCU 侧低压接插件，如果有故障，则更换线束或接插件 2. 若线束和接插件均正常，则可能存在 MCU 硬件故障，更换 MCU

7）MCU 低压电源过电压故障见表3-8。

表3-8　MCU 低压电源过电压故障

故 障 名 称	MCU 低压电源过压故障
故 障 码	U300317
故 障 现 象	仪表点亮故障灯，警告音短鸣
导致故障的原因	低压蓄电池过度充电
故障可能造成的影响	1. MCU 无法正常工作 2. 整车不能正常高压上电（行车模式、慢充模式、快充模式）
建议的维修措施	1. 若其他节点也上报低压供电过电压故障，则优先排查蓄电池、DC/DC 及低压供电电路 2. 更换 MCU

2. 故障实例

（1）旋转变压器故障

出现旋转变压器故障时（电机与控制器旋转变压器线连接正确），一般分为两种情况：一种为电机旋转变压器故障；另一种为控制器 MCU 旋转变压器解码电路故障。不管是哪种情况，都将会导致电机系统无法起动及转矩输出偏小等现象。若出现以上情况，请首先检查电机旋转变压器是否损坏。

根据电气接口表定义，采用万用表欧姆档检查 S1/S3（54～66Ω）、S2/S4（54～66Ω）、R1/R2（29.7～36.3Ω）绕组阻值，若为无穷大，表示损坏，需更换旋转变压器。若显示正常值，则表示控制器内部旋转变压器解码电路故障，需更换控制器。

（2）线束插头故障　故障现象：车辆偶尔在行驶中、起步时有底盘后部异响，异响后车辆仪表报整车及驱动电机超速故障，车辆不能行驶。

经过试车此故障现象出现，使用故障检测出故障码为 P0A3F00（需实验），经故障码分析初步判断为电机旋转变压器故障所致。将旋转变压器低压接插件拔下发现端子内部塑料卡子损坏造成 12 号端子退针虚接，造车车辆掉高压不能行驶。

3. 钳型电流表的使用

通常用普通电流表测量电流时，需要将电路切断停机后才能将电流表接入进行测量。钳形电流表是由电流互感器和电流表组合而成。电流互感器的铁心在捏紧扳手时可以张开；被测电流所通过的导线可以不必切断就可穿过铁心张开的缺口，当放开扳手后铁心闭合。实训时推荐使用福禄克 342 交直流钳形电流表，下述内容以此为例介绍。

（1）仪表结构介绍（见图 3-24） 使用时需要注意以下问题：

1）请勿在爆炸性气体、蒸气、潮湿环境中使用产品。

2）如果长时间不使用产品或将其存放在高于 50℃ 的环境中，请取出电池。

3）使用时将手握于产品的安全挡板后面。

4）本产品仅适用于 9V 的碱性电池。

（2）功能测量说明 静态电流测量操作步骤：

1）将点火钥匙置于 OFF 档，关闭车门、行李箱及所有用电设备，确认车内所有用电设备处于关闭状态。

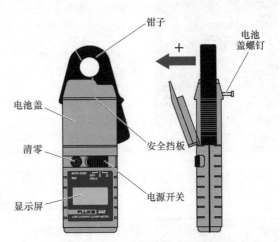

图 3-24 钳形电流表结构图

2）将交直流钳形电流表电源开关置于直流档，观察显示屏数值是否为零。若因热和其他环境条件导致数值非零，则确保产品远离带电导线及钳口处于闭合状态，使用自动清零按钮调到零点。

3）将交直流钳形电流表钳口套住低压蓄电池负极与接地点导线，确保钳口的闭合面接触良好，导线位于环形钳口中心点，否则导致数值失准。

4）查看显示屏测试数值，电流会逐步下降，1min 之后再开始读数。

5）测试完毕后将交直流钳形电流表电源开关置于 OFF 档，恢复归整仪表。

四、北汽新能源 EV160 电机控制器的拆装流程

1. 电机控制器拆卸步骤

（1）操作前安全防护措施

① 设置安全隔离，并放置安全警示牌，如图 3-25 所示。

② 设置监护人。

③ 检查并穿戴个人安全防护用品，如图 3-26 所示。

④ 检查并调校设备仪器，如图 3-27 所示。

⑤ 检查绝缘用工具。

⑥ 实施车辆防护。

⑦ 检测绝缘垫对地绝缘性能。

电机控制器的拆装流程

图 3-25　安全隔离与安全警示牌

图 3-26　个人安全防护用品

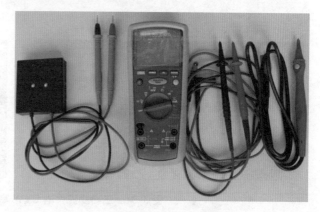

图 3-27　需调校的设备仪器

⑧ 检测确认车辆停放安全，确认驻车制动拉起，确认车辆处于 N 位状态。

（2）高压断电方法

① 关闭起动开关，把钥匙装在口袋内。

② 断开 12V 蓄电池负极，并做好负极线的相关保护措施，如图 3-28 所示。

③ 断开 PDU 低压控制电路 35 针插件，如图 3-29 所示。

图 3-28　断开 12V 蓄电池负极

图 3-29　PDU 低压控制电路 35 针插件

④ 断开电机控制器低压电路 35 针插件。

⑤ 拆卸电机控制器高压直流电缆，用放电盒对高压负载端进行放电，如图 3-30 所示。

图 3-30　电机控制器高压直流电缆

电机控制器插件的插拔方法

⑥ 拆卸电机控制器 UVW 三相交流高压供电电缆，如图 3-31 所示。

图 3-31　三相交流供电 UVW 高压电缆

（3）电机控制器拆卸方法

① 用专用夹子，如图 3-32 所示，夹住电机两个冷却液管，如图 3-33 所示。

图 3-32　冷却液管专用夹子

图 3-33　电机两个冷却液管

② 用举升机将车升起，用 M10 螺栓拆卸用具拆卸电动汽车底盘护板，如图 3-34 所示。

③ 在控制器冷却液管下部放置接冷却液用的盒，如图 3-35 所示，并将车落下地。

④ 将冷却液管从电机控制器上拆下。将冷却液流入车底盒中。

⑤ 卸下电机控制器与车架相连的三个螺栓后，将电机控制器拆下，并将电机控制器的冷却液倒入盒中。

图 3-34　拆卸电动汽车底盘护板

图 3-35　接冷却液用的盒

2. 电机控制器安装步骤

① 将电机控制器安装回去，将三个螺栓紧固好。

② 将冷却液管安装上，并将两个夹子取下。

③ 将与电机相连的 UVW 接插件和与 PDU 相连的直流高压接插件连接好。

④ 将电机控制器低压电路 35 针插件复位。

⑤ 将 PDU 低压电路 35 针插件复位。

⑥ 往冷却液壶中补充冷却液至原位。

⑦ 将 12V 低压电复原，上电，查看仪表应显示 READY。

⑧ 进行 5S 整理。

任务二　电机与减速器连接处异响故障检修

 **学习目标**

1. 掌握北汽新能源 EV160 减速器的结构与工作原理。
2. 掌握电机与减速器连接的检查方法。
3. 掌握电机和减速器的拆装方法及注意事项。

知识储备

一、减速器的结构与工作原理

　　减速器主要功能是将整车驱动电机的转速降低、转矩升高，以实现整车对驱动电机的转矩、转速需求。电动汽车的减速器与传统汽油车的减速器的功能和原理是一样的。

71

北汽新能源 EV160 电动汽车采用的减速器总成是一款前置前驱减速器，采用左右分箱、两级传动结构设计。具有体积小，结构紧凑的特点：采用前进档和倒档共用结构进行设计，整车倒档通过电机反转实现。

减速器动力传动机械部分是依靠两级齿轮副来实现减速增矩，按其功用和位置分为右箱体、左箱体、输入轴组件、中间轴组件和差速器组件五个部分。减速器的工作原理如图 3-36 所示。

减速器的结构

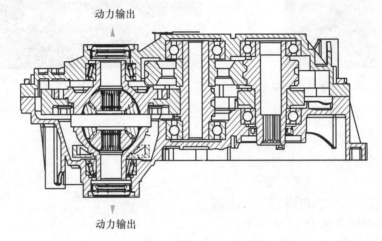

图 3-36　减速器的工作原理图

二、电机与减速器连接的检查

北汽新能源 EV160 电动汽车减速器与驱动电机连接方式：减速器端匹配 5 个 ϕ9mm 通孔，3 个带钢丝螺套的 M8×1.25 螺纹孔，如图 1-37 所示，使用 8 个 M8×1.25×35 的 10.9 级六角法兰面螺栓连接，拧紧力矩为 40±5N·m。变速器与驱动电机通过接触面、内止口和一定位销定位。电机与减速器的动力连接通过电机输出轴花键与减速器相连。

车辆行驶一定里程之后，底盘部位会出现类似底盘零部件松动的声音，一般产生的原因有：底盘各总成螺栓松动、电机与减速器连接部位的花键损坏。

拆卸电机与减速器，检查花键的磨损情况，如果减速器花键磨损严重，则更换减速

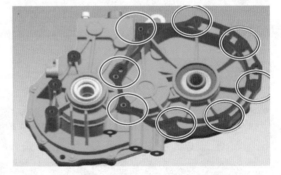

图 3-37　减速器与电机连接方式图

器，电机不需要更换；如果电机输出轴花键磨损严重，则更换电机，减速器不需要更换；如果电机和减速器的花键都磨损严重，则全部更换。

当整车无动力输出时，检查减速器是否损坏，应按下列操作执行：

第一步：检查整车驱动电机是否运转正常，若运转正常，则执行第二步检查，若提示驱动电机故障，则先检查驱动电机故障原因。

第二步：整车上电，将手柄挂入 N 位，松开制动踏板，平地推车，检查车辆是否可以

移动。或将整车放置到升降台上，转动车轮，检查是否能转动。若车辆可以移动或车轮可以转动，则执行第三步检查，若车辆不能移动或车轮不能转动，则执行第四步检查。

第三步：拆卸驱动电机与减速器的连接，检查花键是否异常磨损，若减速器输入轴花键磨损，则需将减速器返厂维修。

第四步：若车辆不能移动或车轮不能转动，说明减速器内部轴系卡死，减速器需返厂维修。

三、电机和减速器的拆装及注意事项

为了正确的拆装电机与减速器，我们先来了解北汽新能源 EV160 电动汽车驱动电机总成拆卸示意图（见图 3-38）。

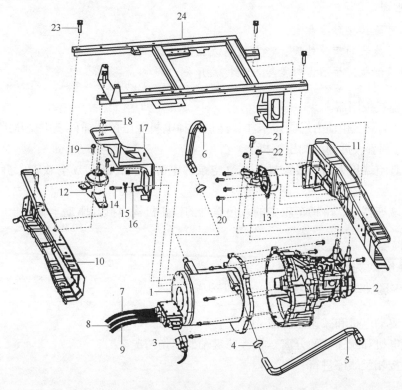

图 3-38　驱动电机总成拆卸示意图

1—驱动电机　2—减速器总成　3—机舱线束总成　4—卡箍　5—散热器进水管　6—电机进水管　7—电机控制器 U 线
8—电机控制器 V 线　9—电机控制器 W 线　10—右横梁　11—左横梁　12—右悬置总成　13—右悬置总成
14—六角头螺栓　15—弹簧垫圈　16—平垫圈　17—右悬置固定支架　18—六角法兰面螺母
19～22—六角法兰面螺栓　23—六角头螺栓、弹簧垫圈和平垫圈组合件　24—二层支架

电机和减速器的拆装步骤及注意事项如下：

1）完成电动汽车维修作业前检查及车辆防护。

① 维修作业前现场环境检查。

② 维修作业前防护用具检查。

③ 维修作业前仪表工具检查。

④ 维修作业前实施车辆防护。

2）对整车进行高压断电防护处理，使用举升机举升车辆至作业位置，紧固底盘各总成螺栓。

3）两人协助完成，一人负责固定一侧的车轮轮胎，另一人正反两个方向转动另一侧的车轮，听减速器和驱动电机连接处有无花键松旷的声音。

动力总成的拆解流程

4）拆卸动力总成。

① 使用冷媒回收充注机回收制冷剂。

② 松开散热器冷却液排放开关，排放冷却液。

注意事项：
1）不可直接接触冷却液。
2）做好废液的回收处理，不可随意泼至下水道。
3）废液泄放完毕后需拧紧冷却液排放开关。

③ 拆卸电机控制器。

④ 拆卸 UVW 三相动力线固定卡扣，然后拔掉电机低压控制插件、空调压缩机高低压插件和高低压空调管，拆卸空调压缩机。

⑤ 拔掉真空罐压力信号线束插件和真空泵的电源插头，断开真空软管，拆卸真空泵和真空罐。

⑥ 释放减速器油，解锁车轮中的六角螺母的锁止机构，拆卸驱动半轴。

注意事项：
1）该作业需至少两人配合才能安全完成。
2）使用撬棍时要注意操作安全，以防伤及他人。

⑦ 拆卸驱动电机和减速器总成。

⑧ 完成电机和减速器的分离，检查花键轴的损伤情况。

⑨ 安装按相反顺序进行。

动力总成拆装注意事项

动力总成的装配流程

5）完成整车上电及车辆驾驶操作，以验证故障现象是否解除。

起动车辆，档位置于 N 位时，READY 指示灯点亮，仪表参数显示正常，无故障；车辆置于 D 位时，仪表参数显示正常，车辆可正常行驶，故障完全解除。此故障为电机输出轴花键损坏导致的机械故障。

Project 4

项目四

电动汽车电机故障检修

任 务 一 电机控制器过热故障诊断

学习目标

1. 掌握电动汽车冷却系统的结构。
2. 掌握电动汽车冷却系统各部件的控制原理。
3. 掌握电动汽车冷却系统电控系统故障诊断与排除方法。
4. 掌握电动汽车冷却液及泄露检查方法。

知识储备

一、冷却液及泄漏检查

1. 冷却系统的结构

北汽新能源 EV160 的冷却系统由电机、电机控制器、散热器总成、水泵总成、储液罐及冷却液管路组成。电机和电机控制器以及 PDU 在工作时会产生热量。电机产生的热量，首先通过传导方式传送到电机的外表面，然后借辐射和对流作用将热量从电机外表面散发到周围冷却介质中去。电机的冷却情况决定了电机的温升，温升又直接影响电机的使用寿命和额定容量。电机的冷却介质一般采用防冻液。电机控制器内有大功率 IGBT，IGBT 的发热决定于本身换流损耗，频率越高损耗越大，工作时会发出大量的热，如果不能及时冷却，会损坏。PDU 中的 DC/DC 变换器工作时会产生大量的热。

冷却液的流向是从散热水箱下部出来后，经水泵后先冷却电机控制器，从电机控制器流出的冷却液进入 PDU 低位进水口，然后流出到电机的冷却管路中，最后回流到散热水箱的上回流口，形成水循环系统，保证了控制器的冷却需求，使电机控制器得到整个系统最低温度的冷却液。

2. 冷却液及泄漏检查

> **注意事项：** 由于冷却液流经电机控制器、驱动电机以及 PDU 高压部件，因此，检查副水箱中的冷却液是否充足，各水管接头有无滴漏现象时，需要下电。

（1）副水箱中的冷却液液位检查　透明的冷却液储液罐（副水箱）位于前机舱内。在冷却液处于冷状态测量时，罐内的冷却液的高度应保持在两条标记线之间，如图 4-1 所示。

> **注意事项：** 当冷却系统温度高于环境温度时，请勿打开散热器盖，否则热的蒸汽或沸腾的冷却液会从散热器中飞溅出来对人体造成伤害。

冷却液高度明显的降低意味着冷却系统发生了泄漏。如果发生这种情况，应检查泄漏点并排除。

（2）冷却液泄漏检查

① 检查副水箱排气管及补水水管连接处，应环箍紧固且无渗漏。

② 检查驱动电机进水管及出水管连接处，应环箍紧固且无渗漏。

③ 检查电机控制器进水管及出水管连接处，应环箍紧固且无渗漏。

④ 检查散热器进水管及出水管连接处，应环箍紧固且无渗漏。

⑤ 检查水泵进水管及出水管连接处，应环箍紧固且无渗漏。

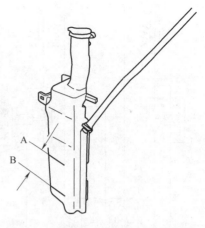

图 4-1　副水箱中的冷却液液位检查

排除冷却液泄露故障后，如果冷却液高度降到储液罐上的低位刻度线位置以下，应向储液罐中添加冷却液。冷却液加注量为 6L。

二、北汽新能源 EV160 冷却系统控制原理

冷却系统由冷却液回路和冷却风流道组成。冷却液在流经电机控制器、驱动电机等热源时，热源通过热传导将热量传递给冷却液，高温冷却液通过电动水泵提供的动力流经散热器时，将热量通过热传导传递给散热器芯体，冷却空气通过热对流将热量带走，完成换热过程。冷却系统电动水泵与散热器风扇由整车 VCU 控制，散热器风扇同时给冷凝器、散热器提供强制冷却风，故散热器风扇运行策略受空调压力与整车热源温度双向控制，两者择高不择低。

1. 风扇控制原理

根据北汽新能源 EV160 冷却系统控制策略可知：

① 当电机控制器监测到驱动电机温度传感器显示：45℃ ≤ 温度 < 50℃时，冷却风扇低速起动；温度 ≥ 50℃时，冷却风扇高速起动；温度降至 40℃时，冷却风扇停止工作。

② 当电机控制器监测到散热基板温度为：温度 ≥ 75℃时，冷却风扇低速起动；温度 ≤ 80℃时，冷却风扇高速起动；温度降至 75℃时，冷却风扇停止工作。

③ 当冷却液温度传感器失效时，VCU 整车控制器控制冷却风扇高速转动。

冷却系统散热器风扇由整车 VCU 控制，控制原理图如图 4-2 所示。

2. 水泵工作条件

冷却系统电动水泵由整车 VCU 控制。当电机控制器监测到驱动电机温度传感器显示：温度 ≥ 45℃时，VCU 控制冷却液电动水泵开始工作；温度降至 40℃时，VCU 控制冷却液电动水泵停止工作。

3. 冷却液温度传感器工作特性

冷却液温度传感器是 PT1000 型正温度系数热敏电阻，当温度为 0℃时阻值为 100Ω，温度每增加 1℃阻值增加 3.8Ω。

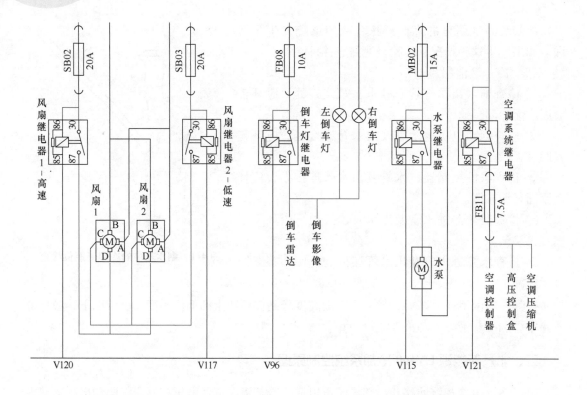

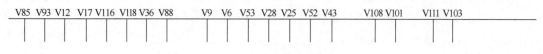

图 4-2　冷却风扇控制原理

4. P100A13 低速风扇继电器驱动通道开路故障码产生机理

当点火开关开启后，风扇继电器 2（低速）未工作时，VCU 整车控制器通过 V117 针脚，检测风扇继电器 2（低速）控制端电压是否为 12V。若该端子为 12V，则 VCU 整车控制器认为风扇继电器 2（低速）线路正常；若该端子为 0V，则 VCU 整车控制器认为风扇继电器 2（低速）线路有故障，VCU 整车控制器中存储记忆 P100A13 低速风扇继电器驱动通道开路故障码。

可能导致故障的原因：

① 低速风扇继电器故障。

② 低速风扇继电器驱动通道线路故障。

③ 电机控制器故障。

P100A13 低速风扇继电器驱动通道开路故障码诊断步骤：

① 检测低速风扇继电器是否正常。如果低速风扇继电器不正常，则更换低速风扇继电器；如果正常，则进行下一步诊断。

② 检测低速风扇继电器驱动通道线路是否正常。如果低速风扇继电器驱动通道线路存在故障，则更换相应线束；如果线束正常，则检测电机控制器是否正常。

任务二　电机过热故障诊断

> 1. 掌握电动汽车动力系统温度监测的原理。
> 2. 掌握电动汽车动力系统温度传感器信号采集原理。
> 3. 掌握电动汽车电机过热故障诊断与排除方法。

知识储备

一、电机温度采集

电机控制器内部设有温度采集模块，采集 IGBT 模块的温度和电机控制散热底板的温度。驱动电机的温度传感器检查电机的绕组温度，温度传感器的电阻类型为热敏电阻，阻值随温度的上升而降低。

二、电机温度控制原理

1. 电机温度保护

当电机控制器监测到驱动电机温度传感器显示：120℃ ≤温度 <140℃时，降功率运行；温度≥140℃时，降功率至 0，即停机。

2. 控制器温度保护

当电机控制器监测到散热基板温度为：75℃ ≤温度 <85℃时，降功率运行；温度≥85℃时，开启超温保护，即停机。

3. 冷却系统的控制策略

当电机控制器监测到驱动电机温度传感器显示：45℃ ≤温度 <50℃时，冷却风扇低速起动；温度≥50℃时，冷却风扇高速起动；温度降至 40℃时，冷却风扇停止工作。

当电机控制器监测到散热基板板温度为：温度≥75℃时，冷却风扇低速起动；温度≥80℃时，冷却风扇高速起动；温度降至 75℃时，冷却风扇停止工作。

三、P103798 和 P0A001C 故障码产生机理

P103798 为驱动系统过温故障码；P0A001C 为电机温度检测回路故障码。

如图 4-3 所示，只有当冷却液温度传感器信号超过 0.1～4.8V 时，才被控制单元 ECU 自诊断系统视为冷却液温度传感器异常。当冷却液温度传感器信号输入为 0V 时，控制单元

ECU 认为信号线短路；当冷却液温度传感器信号输入为 5V 左右时，控制单元 ECU 认为信号线断路。

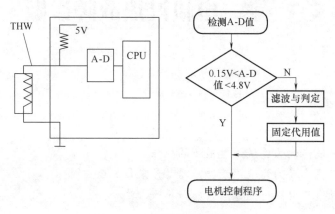

图 4-3 电机冷却液温度检测原理

对于 MCU 电机控制器而言，其检测到电机温度传感器信号异常后，驱动系统温度采集异常，将故障码发送给 VCU，VCU 控制风扇高速运转；电机控制器各项温度采集差别大，则 MCU 电机控制器认为驱动系统温度采集异常，将故障码发送给 VCU，VCU 控制风扇高速运转。

1. P103798——驱动系统过温

当电机控制器监测到驱动电机温度传感器信号值 ≥130℃ 时，电机控制器则产生"P103798——驱动系统过温"的故障码。

可能导致故障的原因：①水泵。②冷却管路堵塞。③冷却液不足。④电机故障。⑤电机控制器故障。⑥驱动电机温度传感器故障。

"P103798——驱动系统过温"的故障码诊断步骤：

1）检测水泵是否正常工作。工作正常进行下一步诊断；如果不正常更换水泵。

2）检测冷却管路是否堵塞。如果冷却管路堵塞，清理水垢；如果冷却管路正常进行下一步诊断。

3）检查冷却液是否不足。如果冷却液不足，将冷却液补足；如果冷却液正常，进行下一步诊断。

4）检测驱动电机温度传感器是否存在故障。如果检测驱动电机温度传感器不正常，更换驱动电机温度传感器故障；如果驱动电机温度传感器故障正常，进行下一步诊断。

5）检测驱动电机是否有故障。如果检测驱动电机不正常，则更换驱动电机；如果驱动电机正常，则检测电机控制器是否有故障。

2. P0A001C——电机温度检测回路故障

当电机控制器监测到驱动电机温度传感器信号超过 0.1 ~ 4.8V 时，则电机控制器产生"P0A001C——电机温度检测回路故障"的故障码。

可能导致故障的原因：①线束故障。②驱动电机冷却液温度传感器故障。③DC/DC 变换器故障。④蓄电池故障。⑤电机控制器故障。⑥驱动电机温度传感器故障。

P0A001C——电机温度检测回路故障码诊断步骤：

1）检测驱动电机冷却液温度传感器是否正常。如果驱动电机冷却液温度传感器有故障，更换驱动电机冷却液温度传感器。如果驱动电机冷却液温度传感器正常，则进行下一步诊断。

2）检测外部线束是否正常。如果外部线束存在短路或断路故障，更换相应线束。如果线束正常，则进行下一步诊断。

3）利用蓄电池检测仪，检测蓄电池是否正常。如果蓄电池存在故障，则更换蓄电池；如果蓄电池正常，则进行下一步诊断。

4）检测 DC/DC 变换器是否正常；如果 DC/DC 变换器故障，则更换 DC/DC 变换器；如果 DC/DC 变换器正常，则应检测电机控制器是否正常。

参 考 文 献

［1］ 缑庆伟，李卓. 新能源汽车原理与检修 ［M］. 北京：机械工业出版社，2016.
［2］ 张凯. 电动汽车应用技术 ［M］. 北京：清华大学出版社，2016.
［3］ 王震坡，孙逢春，刘鹏. 电动汽车原理与应用技术 ［M］. 北京：机械工业出版社，2014.

电动汽车动力系统原理与维修实训工单

主 编 罗 旭 李 娟

副主编 许 云

参 编 孙 茜 苏海峰 骆颖哲 李巾帅 陈 璐

宋贵君 赵振宁 刘映凯 黄鹏超 王洪广

冯竞祥 侯文胜 周羽皓 欧阳淼娃 王传立

目录

电动汽车动力系统概述

实训一　电动汽车动力系统结构认知

学院		专业	
姓名		学号	
小组成员		组长姓名	

一、接收工作任务　　　　　　　　　　　　　　成绩：

企业工作任务

新能源汽车维修服务站新接收了一辆待维修车辆，车辆型号为北汽EV200，据车主反映，车辆存在驱动力不足现象，技师刘强首先委派学徒工王磊对驱动电机系统涉及的高压部件进行检查，要求王磊对部件损坏、系统泄漏和线束连接松动等情况进行记录。

记录情况_____

_____

_____

二、信息收集　　　　　　　　　　　　　　　　成绩：

1）驱动电机系统由_____（DM）、_____（MCU）构成，通过_____、_____与整车其他系统作为电气和散热连接。

2）请观察实车，补充完整驱动电机系统结构连接示意图。

```
          其他车载设备
             ↑
             |      CAN        ┌──────┐    低压蓄电池
─────────────┼─────────────────┤      ├───┐
             |                 └──────┘   控制继电器
  动力电池  高压控制盒  高压直流P/N              熔丝
  ┌────┐  ┌──────┐         |
  │    ├──┤      │       CAN
  └────┘  └──────┘         |
  ┌──────────┐ 三相动力线U/V/W ┌──────────┐
  │          │             │          │  水泵
  │          │ 信号线(旋变、温度)│          │
  └──────────┘             └──────────┘
        ↓           冷却液          散热器
```

3）电机控制器响应并反馈 VCU 的各种指令，实时调整＿＿＿＿＿＿＿＿，以实现整车的怠速、前行、倒车、停车、能量回收以及驻坡等功能。电机控制器另一个重要功能是＿＿＿＿＿＿＿＿＿＿＿＿＿＿＿＿＿。

4）驱动电机系统中，采集信息的传感器有旋转变压器：＿＿＿＿＿＿＿＿＿＿＿＿＿＿＿；温度传感器：＿＿＿＿＿＿＿＿＿＿＿＿＿＿＿＿。

5）（单选）C33DB 驱动电机采用＿＿＿＿＿＿＿＿。

A. 永磁同步电机　　　B. 开关磁阻电机　　　C. 无刷直流电机　　　D. 交流异步电机

6）驱动电机上方的固定螺栓共有＿＿＿＿＿＿＿＿个，与压缩机连接的螺栓共有＿＿＿＿＿＿＿＿个，与真空管连接的螺栓共有＿＿＿＿＿＿＿＿个。拆卸电机下支架时，需要拆卸的螺栓共有＿＿＿＿＿＿＿＿个。

7）请以北汽新能源 EV160 为例，补充动力系统不同功能模式下的模式图。

EV160 驱动电机系统驱动模式

EV160 驱动电机系统发电模式

8）电动汽车驱动系统布置的原则是：

_____。

9）电动汽车驱动系统布置形式目前主要有四种，即 _____、_____、_____和_____。

10）北汽新能源 EV200 采用的驱动系统布置形式为：_____。

11）电机-驱动桥组合式驱动系统布置形式即在驱动电机端盖的输出轴处加装减速齿轮和差速器等，_____、_____、_____的轴互相平行，一起组合成一个驱动整体。

12）电机-驱动桥整体式驱动系统布置形式与发动机横向前置-前轮驱动的内燃机汽车的布置方式类似，把电机、固定速比减速器和差速器集成为一个整体，两根半轴连接驱动车轮，分为_____和_____两种。

三、制订计划	成绩：

1）根据电动汽车动力系统检查规范及要求，制订电动汽车动力系统认知实训计划。

作 业 流 程		
序 号	作业项目	操作要点
计划审核	审核意见： 年 月 日 签字：	

2）请根据维修作业计划，完成小组成员任务分工。

操 作 人		记 录 员	
监 护 人		展 示 员	
作业注意事项			

① 实训开始前应摘掉饰品，换上实训服，长头发应挽起固定于脑后。

② 整车实训时确保点火开关处于 Lock 位置，操作另有要求除外。

③ 就车工作时，应施加驻车制动，除非特定操作要求置于其他档位。

④ 举升车辆时按照规范进行，避免发生意外事故。

⑤ 工具使用后，应清洁并归还原处。

检测设备、工具、材料			
序　号	名　称	数　量	清　点
			□已清点
			□已清点
			□已清点
			□已清点
			□已清点
			□已清点
			□已清点
			□已清点
			□已清点

四、计划实施	成绩：

1. 请完成维修作业前的各种现场检查及做好车辆防护，并记录信息

1）维修作业前现场环境检查。

作业内容：

作业结果：

2）维修作业前防护用具检查。

作业内容：

作业结果：

3）维修作业前仪表工具检查。

作业内容：

作业结果：

4）维修作业前实施车辆防护。

作业内容：

作业结果：

2. 动力系统组成部件的检查

电机控制器	外观	□ 正常　□ 破损　□ 脏污	
	低压控制插件	□ 正常　□ 退针　□ 破损　□ 脏污	
	电机控制器电缆插件	□ 正常　□ 退针　□ 破损　□ 脏污	
	三相高压电缆插件	□ 正常　□ 退针　□ 破损　□ 脏污	
驱动电机	外观	□ 正常　□ 破损　□ 脏污	
	19PIN 插件	□ 正常　□ 退针　□ 破损　□ 脏污	
	三相高压电缆插件	□ 正常　□ 退针　□ 破损　□ 脏污	

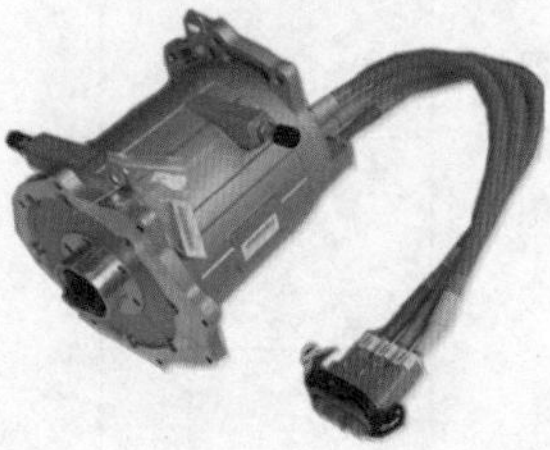

	减速器	外观	□ 正常　□ 破损　□ 脏污
		油位螺栓	□ 正常　□ 泄漏
		放油螺栓	□ 正常　□ 泄漏
		油液位	□ 正常　□ 过低
		半轴连接处	□ 正常　□ 泄漏

3. 冷却液管外观的检查

检查泄漏部位	检查结果	具体位置及故障描述
储液罐软管	□ 正常　□ 异常	
水泵软管	□ 正常　□ 异常	
电机进/出水管	□ 正常　□ 异常	
电机控制器进/出水管	□ 正常　□ 异常	
散热器水管接口	□ 正常　□ 异常	

4. 动力系统总成悬置连接的检查

	位　　置	个　　数	标准力矩
	驱动电机支架与车身悬置连接螺栓	螺栓：＿＿＿个	
	变速器悬置连接螺母、螺栓	螺母：＿＿＿个	
		螺栓：＿＿＿个	

6

	位　置	个　　数	标准力矩
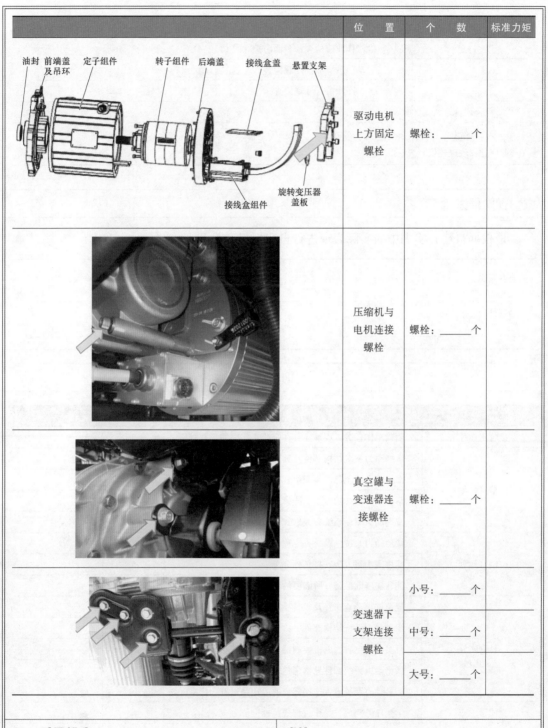	驱动电机 上方固定 螺栓	螺栓：＿＿＿个	
	压缩机与 电机连接 螺栓	螺栓：＿＿＿个	
	真空罐与 变速器连 接螺栓	螺栓：＿＿＿个	
	变速器下 支架连接 螺栓	小号：＿＿＿个	
		中号：＿＿＿个	
		大号：＿＿＿个	

五、质量检查　　　　成绩：

　　请实训指导教师检查本组作业结果，并针对实训过程出现的问题提出改进措施及建议。

序　号	评价标准	评价结果
1	维修作业前检查及车辆防护	
2	动力系统部件外观检查	
3	冷却液管外观检查	
综合评价	☆ ☆ ☆ ☆ ☆	
综合评语 （作业问题及改进建议）		

六、评价反馈　　　　　成绩：

请根据自己在实训中的实际表现进行自我反思和自我评价。

自我反思：

　　　　　　　　　　　　　　　　　　　　　　　　　　　　　　　　　　。

自我评价：

　　　　　　　　　　　　　　　　　　　　　　　　　　　　　　　　　　。

实训成绩单

项　目	评分标准	分　值	得　分
接收工作任务	明确工作任务，理解任务在企业工作中的重要程度	5	
信息收集	掌握动力系统结构部件及其连接关系	5	
	掌握动力系统部件装配位置	5	
	掌握动力系统功能及功能模式	5	
	掌握动力驱动系统布置形式	5	
制订计划	按照动力系统外观检查流程，制订合适的行动计划	10	
	能协同小组人员安排任务分工	5	
	能在实施前准备好所需要的工具器材	5	
计划实施	规范进行场地布置及工具检查	5	
	识别动力系统结构部件	5	
	目测检查电机、电机控制器、冷却液管状态	10	
	找出动力系统部件悬置螺栓位置	10	
	测量动力系统悬置连接螺栓的力矩是否符合标准	10	
质量检查	学生任务完成，操作过程规范标准	5	
评价反馈	学生能对自身表现情况进行客观评价	5	
	学生在任务实施过程中发现的自身问题	5	
得分（满分100）			

实训二　电机的结构及拆装

学院		专业	
姓名		学号	
小组成员		组长姓名	

一、接收工作任务　　　　　　　成绩：

企业工作任务

新能源汽车服务有限公司新接收了一辆待维修车辆，车辆型号为北汽新能源 EV160，据车主反映，车辆存在底盘异响的现象，技师刘强经过检查，初步确定为驱动电机内部故障，需要更换驱动电机，考虑到新来实习生王磊需要学习驱动电机的知识，于是给他安排了一项任务，借助一些电机实物，学习不同类型的电机，同时掌握电机的内部结构和外部结构。

二、信息收集　　　　　　　　成绩：

1）电机按照工作电源种类可划分为_____和_____。

2）以下属于对汽车驱动电机性能要求的是（　　）。

A．调速范围宽　　　　　　　　　B．瞬时功率大、过载能力强

C．制动再生效率高　　　　　　　D．电压高

3）请查阅相关资料，完成北汽新能源 EV160 所用驱动电机的技术参数。

项　　目	参　　数
类型	
基速	
转速范围	
额定功率	
峰值功率	
额定转矩	
峰值转矩	
重量	

4）请查阅相关资料，完成北汽新能源 EV160 所用驱动电机的内部结构认知。

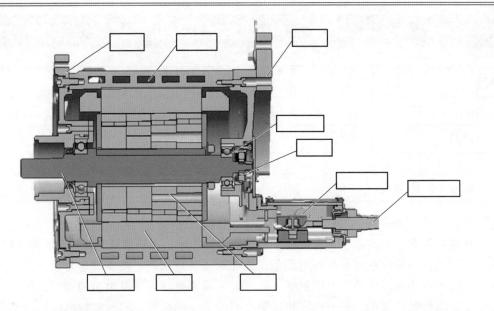

5）请从结构的角度说明三相异步电机、永磁同步电机与开关磁阻电机的区别。

类　　型	区　　别
三相异步电机	
永磁同步电机	
开关磁阻电机	

三、制订计划　　　　　　成绩：

1）根据电动汽车驱动电机拆装规范及要求，制订电动汽车驱动电机认知实训计划。

作业流程		
序　号	作业项目	操作要点
计划审核	审核意见： 　　　　　　　　　年　月　日　签字：	

2）请根据作业计划，完成小组成员任务分工。

操　作　人		记　录　员	
监　护　人		展　示　员	

作业注意事项

① 实训开始前应摘掉饰品，换上实训服，长头发应挽起固定于脑后。

② 实训过程中按照规范进行，禁止蛮力拆卸。

③ 实训过程严格按照教师指引进行，避免发生意外事故。

④ 工具使用后，应清洁并归还原处。

检测设备、工具、材料			
序　　号	名　　称	数　　量	清　点
			□ 已清点
			□ 已清点
			□ 已清点
			□ 已清点
			□ 已清点

四、计划实施　　成绩：

1）请观察置于工作台上的电机，说明其类型及优缺点。

电　　机	类　　型	优　缺　点
		优点： 缺点：
		优点： 缺点：

电 机	类 型	优 缺 点
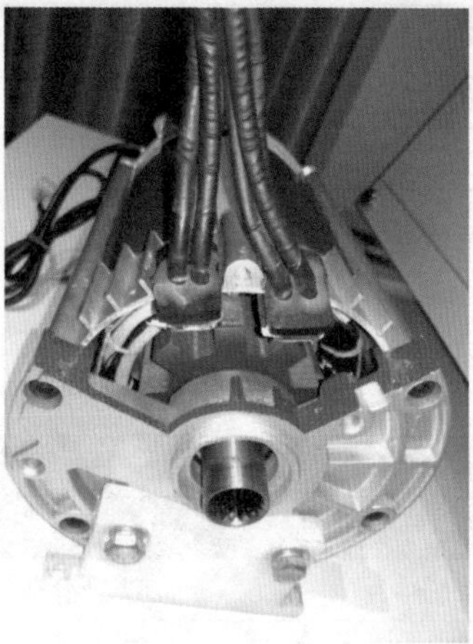		优点： 缺点：

2）请使用拆卸工具拆卸工作台上的电机，并完善以下信息。

	名称	
	冷却方式	□ 风冷　□ 水冷
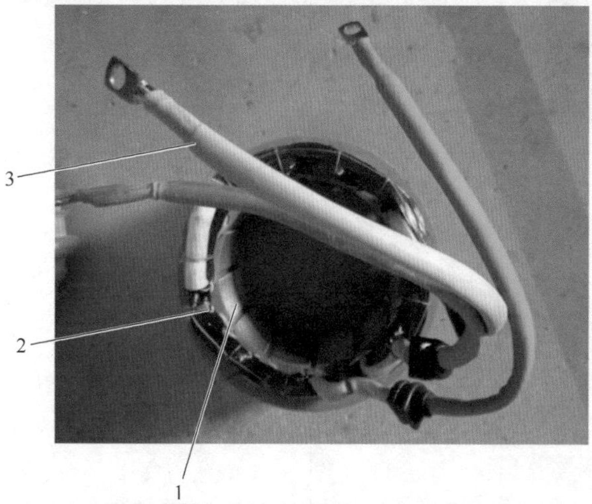	名称	
	1	
	2	
	3	

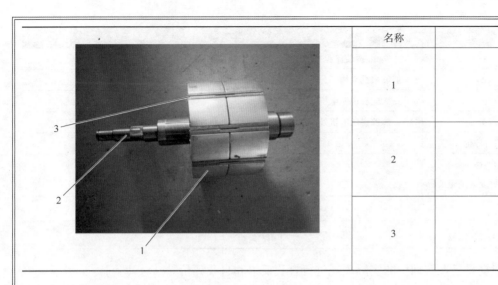

名称	
1	
2	
3	

3）请观察 BJEV 动力总成教学实训平台系统，查阅相关资料完成驱动电机的认知学习。

冷却方式	□风冷　□水冷	作　用
A		
B		
C		
D		
E		

4）恢复场地。

五、质量检查	成绩：

请实训指导教师检查本组作业结果，并针对实训过程出现的问题提出改进措施及建议。

序　号	评价标准	评价结果
1	拆装流程操作规范	
2	能够根据结构区分不同类型的电机	
3	能够说明电机的内部结构	
4	能够说明电机外部结构及功用	
综合评价	☆　☆　☆　☆　☆	
综合评语 （作业问题及改进建议）		

六、评价反馈　　　　　　成绩：

请根据自己在实训中的实际表现进行自我反思和自我评价。

自我反思：
_____。

自我评价：
_____。

实训成绩单

项　　目	评分标准	分　值	得　分
接收工作任务	明确工作任务，理解任务在企业工作中的重要程度	5	
信息收集	掌握工作相关知识及操作要点	15	
制订计划	按照驱动电机认知流程，制订合适的行动计划	10	
	能协同小组人员安排任务分工	5	
	能在实施前准备好所需要的工具器材	5	
计划实施	规范进行实训前的工具准备	5	
	识别驱动电机的类型	10	
	掌握驱动电机的结构功能	10	
	掌握驱动电机的外部结构功能	10	
	清理场地，恢复设备	5	
质量检查	学生任务完成，操作过程规范标准	10	
评价反馈	学生能对自身表现情况进行客观评价	5	
	学生在任务实施过程中发现自身问题	5	
得分（满分100）			

实训三 电机的工作原理及工作特性

学院		专业	
姓名		学号	
小组成员		组长姓名	

一、接收工作任务	成绩：

企业工作任务

新能源汽车服务站的实习生王磊经过了前面的学习，已经知晓了驱动电机的结构，技师刘强考虑到电机原理的抽象性，安排王磊借助电机实训套装进行组装电机并进行电机运转测试。

二、信息收集	成绩：

1）永磁同步电机定子绕组通常称为 _____ ，绕组排列在空间上互差 _____ ，通入三相交流电，产生 _____ 。

2）三相电机一般有两种接线方式：星形连接和三角形连接。_____ 指三相定子绕组的首或尾端连接，另一端三相分别通入 U、V、W 三相交流电运行；_____ 指三相定子绕组的首尾对应连接。

3）永磁同步电机通入三相交流电后，定子产生的旋转磁场的旋转速度和转子的旋转速度 _____ 。

4）同步电机与异步电机的主要区别在于（   ）。

A. 是否可直接使用 380 V 三相电源　　　B. 同步电机的尺寸更大

C. 电机转速与旋转磁场转速相等　　　　D. 同步电机转速低

5）三相异步电机的转子绕组的作用是（   ）。

A. 导磁

B. 通入三相交流电产生旋转磁场

C. 载流的转子导体在磁场中受电磁力作用

D. 通过电磁感应产生感应电动势和电流

6）对称的三相交流电是指电流（   ）的三相交流电。

A. 大小相等　　　　　　　　　　　B. 频率相同

C. 相位互差 120°　　　　　　　　　D. 结构相同

7）三相异步电机的定子旋转磁场的旋转方向是由通入绕组中的电流的（   ）决定的。

A. 相序　　　　　　　　　　　　　B. 大小

C. 频率　　　　　　　　　　　　　D. 初相位

三、制订计划　　　　　成绩：

1）根据电动汽车驱动电机拆装规范及要求，制订电动汽车驱动电机认知实训计划。

作业流程		
序　号	作业项目	操作要点
计划审核	审核意见： 　　　　　　　　　　　　　　年 月 日 签字：	

2）请根据作业计划，完成小组成员任务分工。

操 作 人		记 录 员	
监 护 人		展 示 员	

作业注意事项

① 实训开始前应摘掉饰品，换上实训服，长头发应挽起固定于脑后。
② 请勿将高压器件模拟展示箱放置在高温环境下。
③ 请勿在酸、碱、潮湿环境下使用高压器件模拟展示箱。
④ 实训使用的电机控制器为直流12V电源。

检测设备、工具、材料			
序　号	名　称	数　量	清　点
			□ 已清点
			□ 已清点
			□ 已清点
			□ 已清点
			□ 已清点
			□ 已清点

四、计划实施　　　　　成绩：

1）请检查置于工作台上的电机原理模拟实训套装并进行组装。

① 安装定子组件。

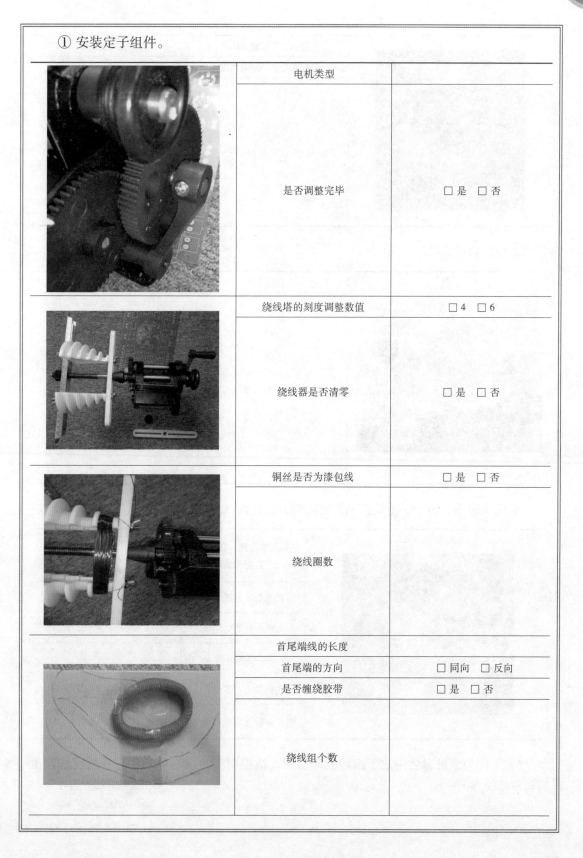

电机类型	
是否调整完毕	□ 是　□ 否
绕线塔的刻度调整数值	□ 4　□ 6
绕线器是否清零	□ 是　□ 否
铜丝是否为漆包线	□ 是　□ 否
绕线圈数	
首尾端线的长度	
首尾端的方向	□ 同向　□ 反向
是否缠绕胶带	□ 是　□ 否
绕线组个数	

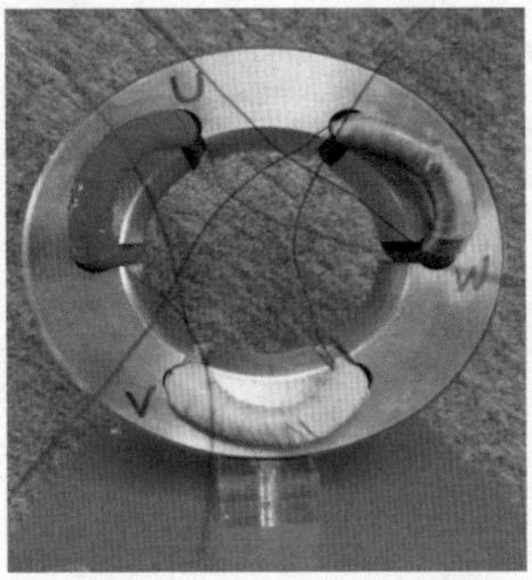 定子是否安装牢固	□ 是　□ 否
三相绕组空间间隔角度	
U、V、W 是否标注	□ 是　□ 否

② 安装转子组件。

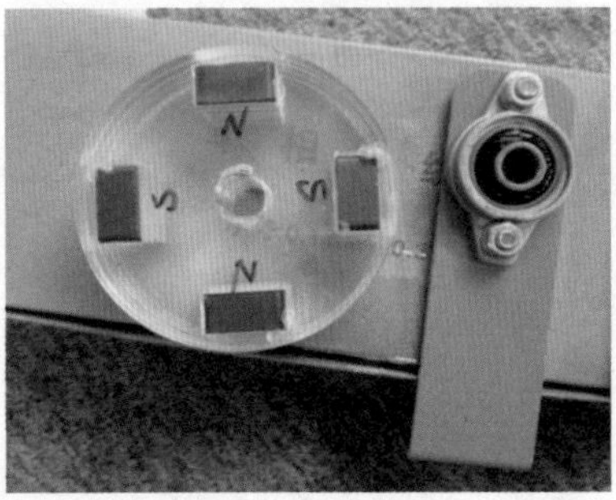 永磁体个数	
NS 极性是否标注	□ 是　□ 否

③ 完成定子、转子、电机控制器的组装并进行调试。

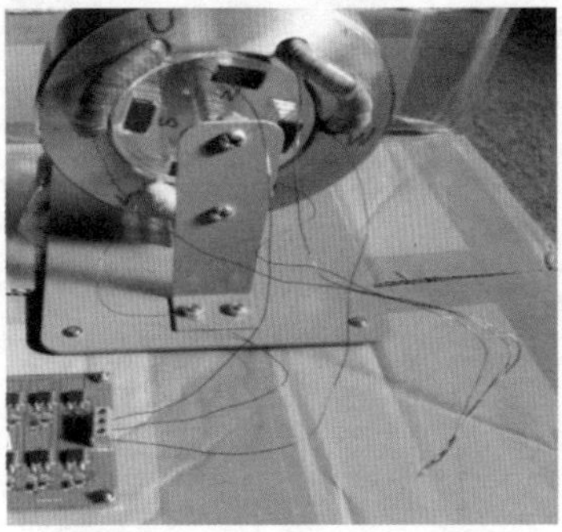 调整组装位置，转子能否自由转动	□ 是　□ 否
接线头的连接方式	□ 星形　□ 三角形
每两相间的电阻值	
DC 电源电压	
电机能否正常运行	□ 是　□ 否
电机运转速度能否改变	□ 是　□ 否

2）下图为电机套装中定子组件的简易图，请根据三相绕组电流的导通情况绘制出旋转磁场的方向。

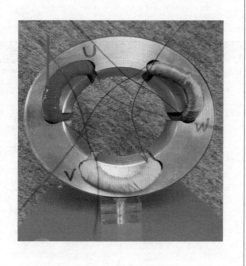
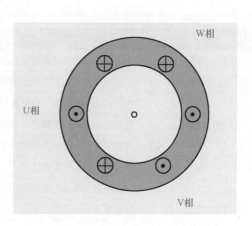

3）恢复场地。

五、质量检查　　　　　　　成绩：

请实训指导教师检查本组作业结果，并针对实训过程出现的问题提出改进措施及建议。

序　号	评 价 标 准	评 价 结 果
1	组装流程操作规范性	
2	电机能否起动、运转、调速	
3	电机工作原理的理解	
综合评价	☆ ☆ ☆ ☆ ☆	
综合评语（作业问题及改进建议）		

六、评价反馈　　　　　　　成绩：

请根据自己在实训中的实际表现进行自我反思和自我评价。

自我反思：

　　　　　　　　　　　　　　　　　　　　　　　　　　　　　。

自我评价：

　　　　　　　　　　　　　　　　　　　　　　　　　　　　　。

实训成绩单

项　目	评分标准	分　值	得　分
接收工作任务	明确工作任务，理解任务在企业工作中的重要程度	5	
信息收集	掌握工作相关知识及操作要点	15	
制订计划	按照实训要求，制订合适的行动计划	10	
	能协同小组人员安排任务分工	5	
	能在实施前准备好所需要的工具器材	5	
计划实施	准备并检查实训前的工具	5	
	规范地进行驱动电机结构组装	10	
	规范地进行驱动电机调试	10	
	掌握驱动电机的工作原理	10	
	清理场地，恢复设备	5	
质量检查	学生任务完成，操作过程规范标准	10	
评价反馈	学生能对自身表现情况进行客观评价	5	
	学生在任务实施过程中发现自身问题	5	
得分（满分100）			

电动汽车与MCU通信丢失故障检修

实训一 MCU低压供电线路故障的排查

学院		专业	
姓名		学号	
小组成员		组长姓名	

一、接收工作任务	成绩：

1. 企业工作任务

北汽新能源EV160车主冯刚先生是一名公司白领，昨天因为公事出了一趟远门。第二天冯先生打算用车时，发现车辆无法正常起动，仪表上的动力电池断开指示灯和系统故障灯点亮。随即车辆被送至新能源汽车维修服务站，技师刘强负责对车辆进行故障诊断与维修。

2. 车辆信息登记

维修前务必核查确认车辆身份信息，将工作结果登记在《汽车维修服务有限公司任务委托书》上。

汽车维修服务有限公司任务委托书					
客户名称		联系电话		业务单号	
车辆类型		电机编号		行驶里程	
车牌号码		VIN码		车辆颜色	
外观检查	（请在有缺陷部位标识"○"）	功能确认	□ 防盗系统　□ 中央门锁 □ 灯光系统　□ 玻璃升降 □ 电动天窗　□ 点烟器 □ 空调系统　□ 电动后视镜 □ 中控系统　□ 刮水清洗		
电量检查	SOC值：＿＿＿＿　颜色：＿＿＿＿	物品确认	□ 贵重物品　□ 灭火器 □ 随车工具　□ 千斤顶 □ 随车资料　□ 备胎 □ 三角警示牌　□ 其他		

21

序号	作业项目	工　时	收费类型
1	动力系统维修		正常

备注：因客户有急事办理，已为客户提供暂时替代车辆京 E123456。

本人已确认以上内容无误，并愿按上述要求进行维修检测和费用支付。本人已将车内现金、票据以及贵重物品取走。

用户签字：_____

3. 确认故障现象

1）记录整车上电仪表信息数据。

点火钥匙位置：□ Start　□ On　□ Acc　□ Lock		
READY 指示灯：□ 熄灭　□ 点亮	续航里程：_____ km	
档位情况：□ R　□ N　□ D　□ E	动力电池电压值：_____ V	
仪表显示	提示语：	
	故障灯：	
故障现象		

2）记录行驶模式下仪表信息数据。

档位情况	□ R　□ N　□ D　□ E	
车辆能否正常起动	□ 能　□ 不能	
仪表显示	提示语：	
	故障灯：	
故障现象		

3）请利用 BDS 诊断软件读取故障码和驱动电机系统数据流。

	故障码	
	故障码说明	

二、信息收集	成绩：

　　1）整车控制器（VCU）根据驾驶人意图发出各种指令，＿＿＿＿＿＿＿响应并反馈，实时调整驱动电机输出，以实现整车的怠速、前行、＿＿＿＿＿＿、停车、＿＿＿＿＿＿以及驻坡等功能。电机控制器的另一个重要功能是通信和保护，实时进行＿＿＿＿＿＿＿，保护驱动电机系统和整车＿＿＿＿＿＿＿＿＿＿。

　　2）北汽新能源 EV160 电机控制器低压控制电源范围＿＿＿＿＿＿。

　　3）查阅资料，填写电机控制器低压插件部分针脚的定义。

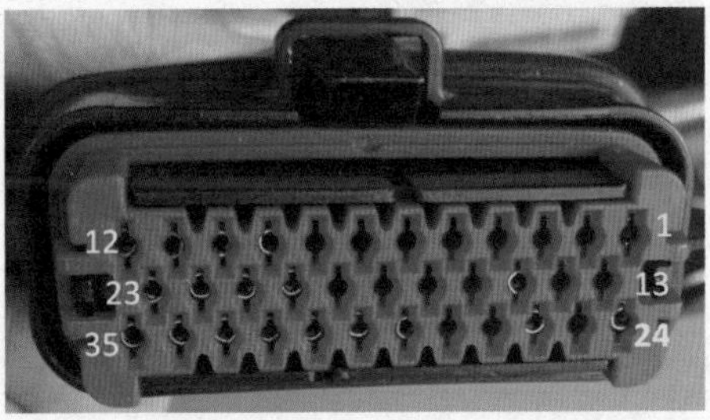

针脚 1		针脚 24	

　　4）查阅资料，绘制北汽新能源 EV160 电机控制器低压供电线路示意图。

三、制订计划	成绩：

　　1）根据车辆实际的故障现象，制订针对该故障现象的维修作业计划。

　　① 故障现象描述。根据客户故障现象描述及确认故障现象，本次维修作业任务为：

② 故障原因分析：＿＿＿＿＿＿＿＿＿＿＿＿＿＿＿＿＿＿＿＿＿＿＿＿＿

＿＿＿＿＿＿＿＿＿＿＿＿＿＿＿＿＿＿＿＿＿＿＿＿＿＿＿＿＿＿＿＿＿＿＿＿

＿＿＿＿＿＿＿＿＿＿＿＿＿＿＿＿＿＿＿＿＿＿＿＿＿＿＿＿＿＿＿＿＿＿＿＿

＿＿＿＿＿＿＿＿＿＿＿＿＿＿＿＿＿＿＿＿＿＿＿＿＿＿＿＿＿＿＿＿＿＿＿＿

2) 请按照故障检测思路，制订维修作业计划。

作业流程		
序　号	作业项目	操作要点
计划审核	审核意见： 年　月　日　签字：	

3) 请根据维修作业计划，完成小组成员任务分工。

操 作 人		记 录 员	
监 护 人		展 示 员	
作业注意事项			

① 实训开始前应摘掉首饰，换上实训服，长发应挽起固定于脑后。

② 严格按照标准完成维修作业前准备工作，注意高压安全防护及车辆整洁维护。

③ 严禁非专业人员或无实训教师在场的情况下私自对高压部件进行移除或安装。

④ 故障诊断排查坚持"安全第一"原则，严禁私自拉接线束、短路连接等违规操作。

⑤ 严格按照实训步骤进行实训任务，严禁使用尖锐工具暴力拆卸接插件、针脚等。

⑥ 爱护诊断、测量工具及设备，轻拿轻放，严禁磕碰或违规使用。

检测设备、工具、材料			
序　号	名　称	数　量	清　点
			□ 已清点
			□ 已清点
			□ 已清点
			□ 已清点
			□ 已清点
			□ 已清点
			□ 已清点
			□ 已清点

序　号	名　称	数　量	清　点
			☐ 已清点
			☐ 已清点
			☐ 已清点
			☐ 已清点
			☐ 已清点

四、计划实施	成绩：

1）请完成维修作业前现场检查及车辆防护，并记录信息。

① 维修作业前现场环境检查。

作业内容：

作业结果：

② 维修作业前防护用具检查。

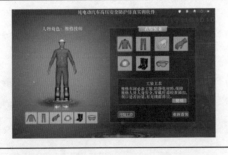

作业内容：

作业结果：

③ 维修作业前仪表工具检查。

作业内容：

作业结果：

④ 维修作业前实施车辆防护。

作业内容:
作业结果:

2）检查电机控制器的低压供电电源，并记录检查结果。

① 检查电机控制器低压供电熔丝 FB10 和继电器 ERY07。

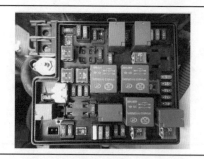

熔丝 FB10 导通测试	□ 导通　□ 不导通
继电器 ERY07 1 脚与 2 脚的电阻检测	
结果分析:	

② 检查电机控制器低压供电线路，并记录数据。

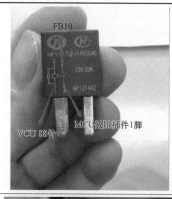

FB10 与 ERY07 插座 2 脚导通测试	□ 导通　□ 不导通
FB10 与 ERY07 插座 5 脚导通测试	□ 导通　□ 不导通
FB10 与低压蓄电池正极导通测试	□ 导通　□ 不导通
VCU 88 针与 ERY07 插座 1 脚导通测试	□ 导通　□ 不导通

MCU 低压插件 1 针与 ERY07 插座 3 脚导通测试	□ 导通　□ 不导通
MCU 低压插件 24 针与低压蓄电池负极导通测试	□ 导通　□ 不导通

结果分析:

3）请完成整车上电及车辆驾驶操作，以验证故障现象是否解除。

① 记录整车上电仪表信息数据。

点火钥匙位置：□ Start　□ On　□ Acc　□ Lock		
READY 指示灯：□ 熄灭　□ 点亮		续航里程：___ km
档位情况：□ R　□ N　□ D　□ E		动力电池电压值：___ V
仪表显示	提示语：	
	故障灯：	
故障现象		

② 记录行驶模式仪表信息数据。

档位情况	□ R　□ N　□ D　□ E	
车辆能否正常起动	□ 能　□ 不能	
仪表显示	提示语：	
	故障灯：	
故障现象		

③ 故障验证结论。

结论：

五、质量检查	**成绩：**

请实训指导教师检查本组作业结果，并针对实训过程出现的问题提出改进措施及建议。

序　号	评价标准	评价结果
1	规范采集故障现象并进行故障分析	
2	规范完成 MCU 低压供电回路故障排查	
3	维修完毕车辆可正常行驶	
4	维修完毕恢复场地	
综合评价	☆　☆　☆　☆　☆	
综合评语 （作业问题及改进建议）		

六、评价反馈	成绩：

请根据自己在实训中的实际表现进行自我反思和自我评价。

自我反思：

。

自我评价：

。

实训成绩单

项　目	评价标准	分　值	得　分
接收工作任务	明确工作任务，准确记录客户及车辆信息	5	
	熟练使用 BDS 诊断软件完成数据流查询及故障码读取	10	
信息收集	掌握工作相关知识及操作要点	15	
制订计划	正确完成车辆初步检查与诊断分析	5	
	准确制订故障诊断流程且技术合理可行	10	
计划实施	正确规范完成作业前准备及车辆防护工作	10	
	正确检查电机控制器的低压供电线路	15	
	正确规范完成故障验证环节并记录数据	10	
	正确规范完成维修作业后现场恢复及工具归整	10	
质量检查	按照要求完成相应任务	5	
评价反馈	经验总结到位，合理评价	5	
得分（满分100）			

实训二　MCU CAN 通信线路故障的排查

学院		专业	
姓名		学号	
小组成员		组长姓名	

一、接收工作任务	成绩：

1. 企业工作任务

北汽新能源 EV160 车主冯刚先生经常驾车往返于老家与工作的城市，冯先生最近一次回城时因道路整修选择绕道行驶，绕行道路崎岖多坑洼，所幸最终还是顺利回到了住所。第二天冯先生打算用车时，发现车辆无法正常起动，仪表上的动力电池断开指示灯和系统故障灯点亮。随即车辆被送至新能源汽车维修服务站，技师刘强负责对车辆进行故障诊断与维修。

2. 车辆信息登记

维修前务必核查确认车辆身份信息，将工作结果登记在《汽车维修服务有限公司任务委托书》上。

汽车维修服务有限公司任务委托书					
客户名称		联系电话		业务单号	
车辆类型		电机编号		行驶里程	
车牌号码		VIN 码		车辆颜色	
外观检查	（请在有缺陷部位标识"○"）		功能确认	□ 防盗系统　□ 中央门锁 □ 灯光系统　□ 玻璃升降 □ 电动天窗　□ 点烟器 □ 空调系统　□ 电动后视镜 □ 中控系统　□ 刮水清洗	
电量检查	SOC 值：_____　颜色：_____		物品确认	□ 贵重物品　□ 灭火器 □ 随车工具　□ 千斤顶 □ 随车资料　□ 备胎 □ 三角警示牌　□ 其他	

序号	作业项目	工 时	收费类型
1	动力系统维修		正常

备注：因客户有急事办理，已为客户提供暂时替代车辆京 E123456。

本人已确认以上内容无误，并愿按上述要求进行维修检测和费用支付。本人已将车内现金、票据以及贵重物品取走。

用户签字：_____

3. 确认故障现象

1）记录整车上电仪表信息数据。

点火钥匙位置：□ Start　□ On　□ Acc　□ Lock		
READY 指示灯：□ 熄灭　□ 点亮	续航里程：____ km	
档位情况：□ R　□ N　□ D　□ E	动力电池电压值：____ V	
仪表显示	提示语：	
	故障灯：	
故障现象		

2）记录行驶模式下仪表信息数据。

档位情况	□ R　□ N　□ D　□ E
车辆能否正常起动	□ 能　□ 不能
仪表显示	提示语：
	故障灯：
故障现象	

3）请利用 BDS 诊断软件读取故障码和驱动电机系统数据流。

故障码	
故障码说明	

二、信息收集	成绩：

1）北汽新能源电动汽车电机控制器对所有的输入信号进行处理，并将驱动电机控制系统运行状态的信息通过（　　）发送给整车控制器。

A. TP-LINK　　　　B. CAN2.0 网络　　　　C. K 线　　　　D. 光纤

2）查阅资料，填写电机控制器低压插件部分针脚的定义。

针脚 30		针脚 31		针脚 32	

3）查阅资料，补充完整北汽新能源 EV160 新能源 CAN 总线电路示意图。

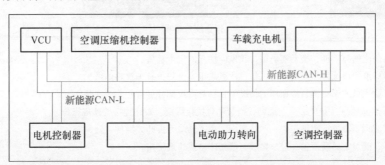

4）北汽新能源 EV160 新能源 CAN 总线回路中各管理器之间_____（并联/串联）连接，内设两个终端电阻，分为位于整车控制器和电池管理系统中，单个电阻的阻值约为_____。

三、制订计划	成绩：

1）根据车辆实际的故障现象，制订针对该故障现象的维修作业计划。

① 故障现象描述。根据客户故障现象描述及确认故障现象，本次维修作业任务为：

_____

_____

② 故障原因分析：_____

_____

2）请按照故障检测思路，制订维修作业计划。

作业流程		
序　号	作业项目	操作要点
计划审核	审核意见： 　　　　　　　　　　　　　　　　年　月　日　签字：	

3）请根据维修作业计划，完成小组成员任务分工。

操 作 人		记 录 员	
监 护 人		展 示 员	

作业注意事项

① 实训开始前应摘掉首饰，换上实训服，长发应挽起固定于脑后。
② 严格按照标准完成维修作业前准备工作，注意高压安全防护及车辆整洁维护。
③ 严禁非专业人员或无实训教师在场的情况下私自对高压部件进行移除或安装。
④ 故障诊断排查坚持"安全第一"原则，严禁私自拉接线束、短路连接等违规操作。
⑤ 严格按照实训步骤进行实训任务，严禁使用尖锐工具暴力拆卸接插件、针脚等。
⑥ 爱护诊断、测量工具及设备，轻拿轻放，严禁磕碰或违规使用。

检测设备、工具、材料			
序　号	名　称	数　量	清　点
			□ 已清点
			□ 已清点
			□ 已清点
			□ 已清点
			□ 已清点
			□ 已清点
			□ 已清点
			□ 已清点

序　号	名　称	数　量	清　点
			□ 已清点
			□ 已清点
			□ 已清点
			□ 已清点
			□ 已清点

四、计划实施	成绩：

1）请完成维修作业前进行现场检查及车辆防护，并记录信息。

① 维修作业前现场环境检查。

作业内容：

作业结果：

② 维修作业前防护用具检查。

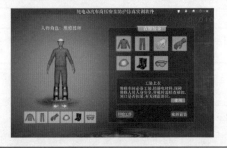

作业内容：

作业结果：

③ 维修作业前仪表工具检查。

作业内容：

作业结果：

④ 维修作业前实施车辆防护。

作业内容：

作业结果：

2）检查电机控制器的 CAN 总线通信线路，并记录数据。

① 检查电机控制器 CAN 总线通信信号针脚状态。

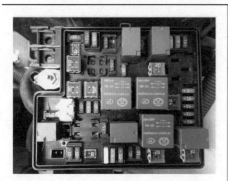

MCU 低压插件 31 号针脚状态	□ 完好　□ 退针
MCU 低压插件 32 号针脚状态	□ 完好　□ 退针
结果分析：	

② 检查电机控制器 CAN 总线通信线路，并记录检查结果。

1）下电状态下测量 MCU 低压插件 31、32 号针脚之间的阻值。

测量值		标准值	

2）上电状态下，利用免剥线测试仪分别测量 CAN-H 和 CAN-L 对车身的电压值。

CAN-H 电压值		CAN-L 电压值	

结果分析：

3）如果 CAN 总线压差异常，一般由整车高压器件信号干扰所致，一般使用 PCAN 设备检测干扰源，常见的干扰源有空调压缩机（占比 70%～80%）、车载充电机（占比 10%）、空调面板（占比 15%）。

4）请完成整车上电及车辆驾驶操作，以验证故障现象是否解除。

① 记录整车上电仪表信息数据。

点火钥匙位置： □ Start □ On □ Acc □ Lock		
READY 指示灯： □ 熄灭 □ 点亮	续航里程： ___ km	
档位情况： □ R □ N □ D □ E	动力电池电压值： ___ V	
仪表显示	提示语：	
	故障灯：	
故障现象		

② 记录行驶模式仪表信息数据。

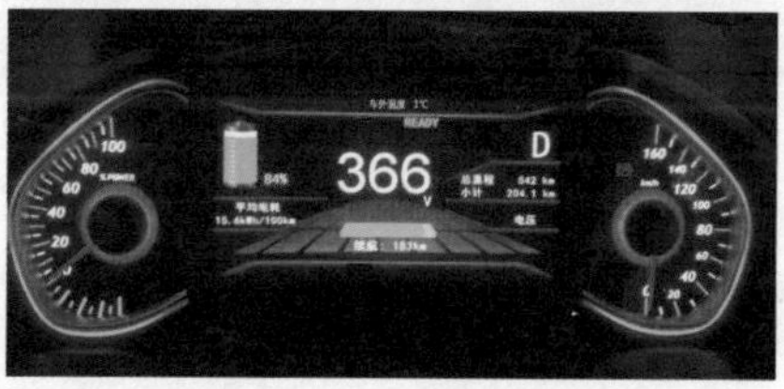

档位情况	· □ R □ N □ D □ E
车辆能否正常起动	□ 能 □ 不能
仪表显示	提示语：
	故障灯：
故障现象	

③ 故障验证结论。

结论：

五、质量检查　　　　　　　　　**成绩：**

请实训指导教师检查本组作业结果，并针对实训过程出现的问题提出改进措施及建议。

序　号	评价标准	评价结果
1	规范采集故障现象并进行故障分析	
2	规范完成 CAN 总线通信线路故障排查	
3	维修完毕车辆可正常上电行驶	
4	维修完毕恢复场地	
综合评价	☆ ☆ ☆ ☆ ☆	
综合评语 （作业问题及改进建议）		

六、评价反馈	成绩：

请根据自己在实训中的实际表现进行自我反思和自我评价。

自我反思：

_____ 。

自我评价：

_____ 。

实训成绩单

项　目	评 价 标 准	分　值	得　分
接收工作任务	明确工作任务，准确记录客户及车辆信息	5	
	熟练使用 BDS 诊断软件完成数据流查询及故障码读取	10	
信息收集	掌握工作相关知识及操作要点	15	
制订计划	正确完成车辆初步检查与诊断分析	5	
	准确制订故障诊断流程且技术合理可行	10	
计划实施	正确规范完成作业前准备及车辆防护工作	10	
	正确检查电机控制器的 CAN 总线通信线路故障	15	
	正确规范完成故障验证环节并记录数据	10	
	正确规范完成维修作业后现场恢复及工具归整	10	
质量检查	按照要求完成相应任务	5	
评价反馈	经验总结到位，合理评价	5	
得分（满分100）			

电动汽车底盘故障检修

实训一 车辆抖动异响，无法行驶故障检修

学院		专业	
姓名		学号	
小组成员		组长姓名	

一、接收工作任务	成绩：

1. 企业工作任务

冯刚先生驾驶一辆北汽新能源 EV160 出门，不小心撞到路旁的树上。车辆被托运至服务站后，维修技师对其车身部件进行了修复，但在起动车辆时发现车辆无法行驶且出现剧烈抖动的情况，于是开始对车辆进行故障排查作业。

2. 车辆信息登记

维修前务必核查确认车辆身份信息，将工作结果登记在《汽车维修服务有限公司任务委托书》上。

汽车维修服务有限公司任务委托书						
客户名称		联系电话		业务单号		
车辆类型		电机编号		行驶里程		
车牌号码		VIN 码		车辆颜色		
外观检查	（请在有缺陷部位标识"○"）		功能确认	□ 防盗系统	□ 中央门锁	
				□ 灯光系统	□ 玻璃升降	
				□ 电动天窗	□ 点烟器	
				□ 空调系统	□ 电动后视镜	
				□ 中控系统	□ 刮水清洗	
电量检查	车外温度 30℃ READY 70 km/h 平均电耗 15.0kW·h/100km 续航 200km 总里程 9999 km 小计 999.9 km ①E SPEED		物品确认	□ 贵重物品	□ 灭火器	
				□ 随车工具	□ 千斤顶	
				□ 随车资料	□ 备胎	
	SOC 值：_____ 颜色：_____			□ 三角警示牌	□ 其他	

37

序号	作业项目	工 时	收费类型
1	动力系统维修		正常

备注：因客户有急事办理，已为客户提供暂时替代车辆京 E123456。

本人已确认以上内容无误，并愿按上述要求进行维修检测和费用支付。本人已将车内现金、票据以及贵重物品取走。

用户签字：_____

3. 确认故障现象

1）记录整车上电仪表信息数据。

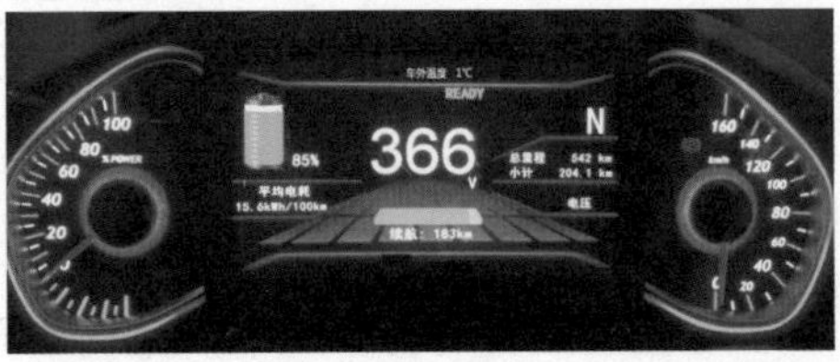

点火钥匙位置：□ Start □ On □ Acc □ Lock		
READY 指示灯：□ 熄灭 □ 点亮	剩余电量：_____	
档位情况：□ R □ N □ D □ E	动力电池电压值：___ V	
仪表显示	提示语：	
	故障灯：	
故障现象		

2）记录行驶模式下仪表信息数据。

档位情况	□ R □ N □ D □ E	
车辆能否正常起动	□ 能 □ 不能	
仪表显示	提示语：	
	故障灯：	
故障现象		

3）请利用 BDS 诊断软件读取故障码和驱动电机系统数据流。

故障码	□ 有 □ 无
数据流	□ 正常 □ 异常

二、信息收集　　　　　　　　　　　　成绩：

1) 请对照钳型电流表图片填写其组成结构名称。

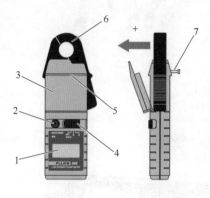

序号	1	2	3	4	5	6	7
部件名称							

2) C33DB 驱动电机控制器采用_____。驱动电机系统的控制中心又称为智能功率模块，以_____模块为核心，辅以驱动集成电路、主控集成电路。

3) 驱动电机控制器内含故障诊断电路。当诊断出异常时，它将会激活一个错误代码，发送给_____，同时也会存储该故障码和数据。

4) 在驱动电机系统中，驱动电机的输出动作主要是靠控制单元给定命令执行，即控制器输出命令。控制器主要是将输入的直流电逆变成_____，供给配套的三相交流永磁同步电机使用。

5) 查阅资料，填写北汽新能源 EV160 电机控制器的相关参数。

技 术 指 标	技 术 参 数
直流输入电压	
工作电压范围	
控制电源	
控制电源电压范围	
标称容量	
重量	
防护等级	
冷却方式	

6) 查阅资料，将下图所示标号对应的名称填写在表格中。

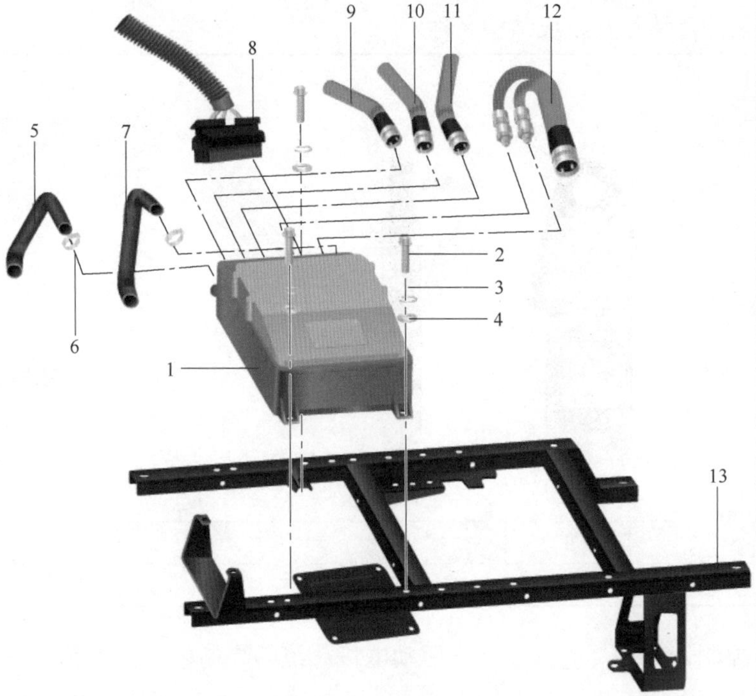

1	
2	
3	
4	
5	
6	
7	
8	
9	
10	
11	
12	
13	

7) 请根据电机控制器内部实物部件绘制其结构简图，其中 UVW 采用星形连接。

三、制订计划	成绩：

1) 根据车辆实际的故障现象，制订针对该故障现象的维修作业计划。

① 故障现象描述。根据客户故障现象描述及确认故障现象，本次维修作业任务为：

② 故障原因分析：

2）请按照故障检测思路，制订维修作业计划。

作业流程		
序　号	作业项目	操作要点
计划审核	审核意见： 　　　　　　　　　　　年　月　日　签字：	

3）请根据维修作业计划，完成小组成员任务分工。

操 作 人		记 录 员	
监 护 人		展 示 员	

作业注意事项

① 实训开始前应摘掉首饰，换上实训服，长发应挽起固定于脑后。

② 严格按照标准完成维修作业前准备工作，注意高压安全防护及车辆整洁维护。

③ 严禁非专业人员或无实训教师在场的情况下私自对高压部件进行移除或安装。

④ 故障诊断排查坚持"安全第一"原则，严禁私自拉接线束、短路连接等违规操作。

⑤ 严格按照实训步骤进行实训任务，严禁使用尖锐工具暴力拆卸接插件、针脚等。

⑥ 爱护诊断、测量工具及设备，轻拿轻放，严禁磕碰或违规使用。

检测设备、工具、材料			
序　号	名　称	数　量	清　点
			□ 已清点
			□ 已清点
			□ 已清点
			□ 已清点
			□ 已清点
			□ 已清点
			□ 已清点
			□ 已清点
			□ 已清点
			□ 已清点

序　号	名　称	数　量	清　点
			□ 已清点
			□ 已清点
			□ 已清点
			□ 已清点

四、计划实施	成绩：

1）请完成维修作业前进行现场检查及车辆防护，并记录信息。

① 维修作业前现场环境检查。

作业内容：

作业结果：

② 维修作业前防护用具检查。

作业内容：

作业结果：

③ 维修作业前仪表工具检查。

作业内容：

作业结果：

④ 维修作业前实施车辆防护。

作业内容：

作业结果：

2）使用 inVIEW 采集车辆数据并分析故障原因。

电机控制器直流母线电流	□ 正常　□ 异常
电机控制器相电流（有效值）	□ 正常　□ 异常

结果分析：

3）使用钳形电流表测量 UVW 高压三相线和电机控制器电缆电流。

档位：□ R　□ N　□ D　□ E		
UVW 高压三相线	U 相电流	
	V 相电流	
	W 相电流	
电机控制器电缆	Y 键位（正极）	
	Z 键位（负极）	

结果分析：

4）整车高压断电操作。

		钥匙保管人	
	1. 关闭点火开关，断开低压蓄电池负极	低压蓄电池负极螺母大小	
		负极桩头绝缘处理方式	
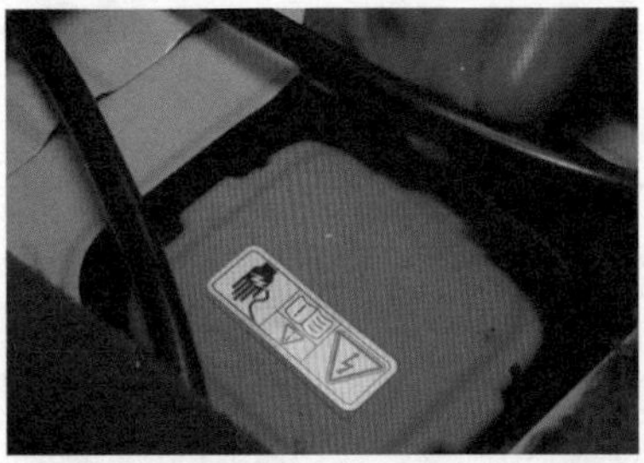	2. 拆卸检修开关，放置警示牌	检修开关锁数	
		检修开关安全存放位置	
		放置警示牌	□ 是　　□ 否
	3. 断开动力电池高低压电并进行高压放电	放电工具	
		放电结果	电池端　□ 有电　□ 无电
			负载端　□ 有电　□ 无电

5）检查驱动电机至电机控制器的连接通断情况。

	检查 UVW 高压三相线导通及连接	针脚导通	U 与 V	□ 导通　□ 断路
			U 与 W	□ 导通　□ 断路
			V 与 W	□ 导通　□ 断路
		插件连接	接电机控制器	□ 连接紧固　□ 连接松动

结果分析：

6）更换电机控制器。

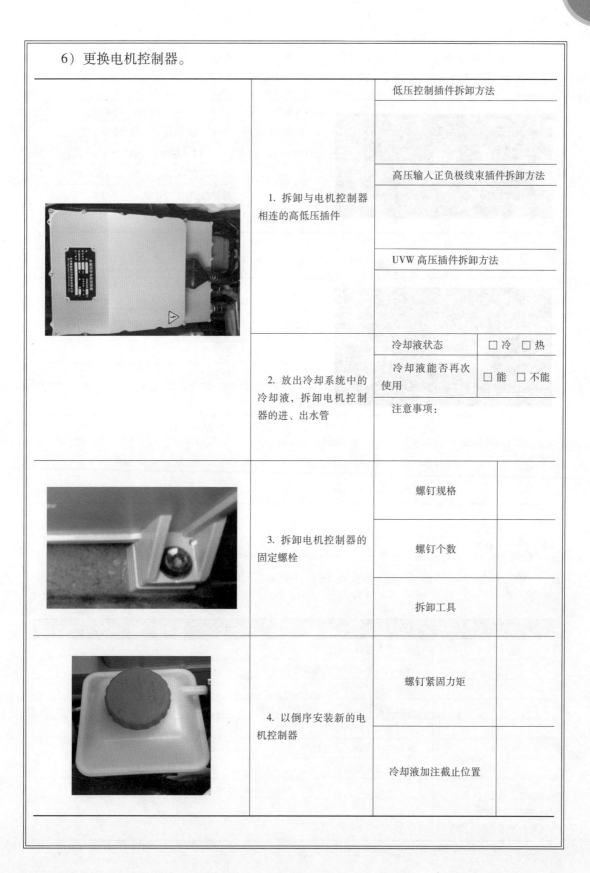

		低压控制插件拆卸方法		
	1. 拆卸与电机控制器相连的高低压插件			
		高压输入正负极线束插件拆卸方法		
		UVW 高压插件拆卸方法		
	2. 放出冷却系统中的冷却液，拆卸电机控制器的进、出水管	冷却液状态	□ 冷	□ 热
		冷却液能否再次使用	□ 能	□ 不能
		注意事项：		
	3. 拆卸电机控制器的固定螺栓	螺钉规格		
		螺钉个数		
		拆卸工具		
	4. 以倒序安装新的电机控制器	螺钉紧固力矩		
		冷却液加注截止位置		

7）请完成整车上电及车辆驾驶操作，以验证故障现象是否解除。

① 记录整车上电仪表信息数据。

点火钥匙位置：□ Start □ On □ Acc □ Lock		
READY 指示灯：□ 熄灭 □ 点亮		剩余电量：_____
档位情况：□ R □ N □ D □ E		动力电池电压值：____ V
仪表显示	提示语：	
	故障灯：	
故障现象		

② 记录行驶模式仪表信息数据。

档位情况	□ R □ N □ D □ E
车辆能否正常起动	□ 能 □ 不能
仪表显示	提示语：
	故障灯：
故障现象	

③ 故障验证结论。

结论：

五、质量检查	成绩：

请实训指导教师检查本组作业结果，并针对实训过程出现的问题提出改进措施及建议。

序　号	评价标准	评价结果
1	高压断电操作规范标准	
2	数据流分析及故障诊断思路合理	
3	仪表工具使用规范	
4	电机控制器各插件、水管安装紧固	
5	冷却液加注液位合理	
6	维修完毕车辆可正常行驶	
7	维修完毕恢复场地	
综合评价	☆ ☆ ☆ ☆ ☆	
综合评语 （作业问题及改进建议）		

六、评价反馈	成绩：

请根据自己在实训中的实际表现进行自我反思和自我评价。

自我反思：

自我评价：

实训成绩单

项　　目	评 分 标 准	分　　值	得　　分
接收工作任务	明确工作任务，准确记录客户及车辆信息	5	
信息收集	熟练使用 BDS 诊断软件完成数据流查询及故障码读取	10	
	掌握工作相关知识及操作要点	15	
制订计划	正确完成车辆初步检查与诊断分析	5	
	准确制订故障诊断流程且技术合理可行	10	
计划实施	正确规范完成作业前准备及车辆防护工作	5	
	熟练使用 inVIEW 数据处理分析软件采集车辆数据并分析故障点	5	
	正确使用钳形电流表检查高压三相线及电机控制电缆电流	10	
	检查驱动电机系统连接通断情况	5	
	安全实施电机控制器的更换操作	10	
	正确规范完成故障验证环节并记录数据	5	
	正确规范完成维修作业后现场恢复及工具归整	5	
质量检查	按照要求完成相应任务	5	
评价反馈	经验总结到位，合理评价	5	
得分（满分100）			

实训二　电机与减速器连接处异响故障检修

学院		专业	
姓名		学号	
小组成员		组长姓名	

一、接收工作任务　　　　　　　　成绩：

1. 企业工作任务

客户冯刚三年前购置了北汽新能源 EV160，最近一段时间开车时，总会听到底盘零部件松动的声音，从前机舱内部下方传来，低速状态下加速或减速异响明显，过减速带时也会发出声响。

2. 车辆信息登记

维修前务必核查确认车辆身份信息，将工作结果登记在《汽车维修服务有限公司任务委托书》上。

汽车维修服务有限公司任务委托书					
客户名称		联系电话		业务单号	
车辆类型		电机编号		行驶里程	
车牌号码		VIN 码		车辆颜色	
外观检查	（请在有缺陷部位标识"○"）	功能确认	□ 防盗系统　　□ 中央门锁 □ 灯光系统　　□ 玻璃升降 □ 电动天窗　　□ 点烟器 □ 空调系统　　□ 电动后视镜 □ 中控系统　　□ 刮水清洗		
电量检查	SOC 值：_____　颜色：_____	物品确认	□ 贵重物品　　□ 灭火器 □ 随车工具　　□ 千斤顶 □ 随车资料　　□ 备胎 □ 三角警示牌　□ 其他		

序号	作业项目	工　时	收费类型
1	动力系统维修		正常

备注：因客户有急事办理，已为客户提供暂时替代车辆京 E123456。

本人已确认以上内容无误，并愿按上述要求进行维修检测和费用支付。本人已将车内现金、票据以及贵重物品取走。

用户签字：

3. 确认故障现象

1）记录整车上电仪表信息数据。

	点火钥匙位置：□ Start　□ On　□ Acc　□ Lock	
	READY 指示灯：□ 熄灭 □ 点亮	剩余电量：＿＿＿
	档位情况：□ R □ N □ D □ E	动力电池电压值：＿＿＿ V
仪表显示	提示语：	
	故障灯：	
故障现象		

2）记录行驶模式下仪表信息数据。

	档位情况	□ R　□ N　□ D　□ E
	车辆能否正常起动	□ 能　□ 不能
仪表显示	提示语：	
	故障灯：	
故障现象		

二、信息收集	**成绩：**

1）驱动电机系统是电动汽车核心部件之一，是车辆行驶的＿＿＿＿＿＿，其特性决定了车辆的主要性能指标，直接影响车辆＿＿＿＿＿＿、＿＿＿＿＿＿和用户驾乘感受。当电机发生故障时则需要尽快更换，另外，当＿＿＿＿＿＿、＿＿＿＿＿＿等出现问题时，也需要拆卸电机。

2）车辆行驶一定里程之后，底盘部位会出现类似底盘零部件松动的声音，一般产生的原因有：＿＿＿＿＿＿＿＿＿＿＿＿＿＿＿＿＿＿＿＿＿＿＿＿＿＿＿＿＿＿＿＿＿＿。

3）拆卸电机与减速器，检查花键的磨损情况，如果减速器花键磨损严重，则＿＿＿＿＿＿；如果电机输出轴花键磨损严重，则＿＿＿＿＿＿；如果电机和减速器的花键都磨损严重，则＿＿＿＿＿＿＿＿＿＿。

4）北汽新能源 EV200 减速器采用前置前驱减速器，采用＿＿＿＿＿＿＿＿。整车倒档通过＿＿＿＿＿＿＿＿实现。

5）请完成动力总成的动力传递路线的填写。

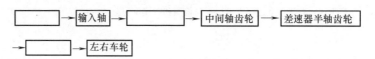

6）查阅资料，将北汽新能源 EV150 电动汽车驱动电机总成拆卸示意图中标号对应的名称填写在表格中。

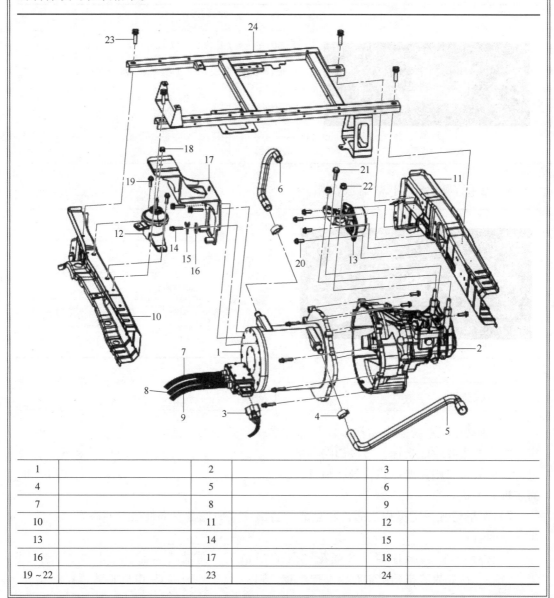

1		2		3	
4		5		6	
7		8		9	
10		11		12	
13		14		15	
16		17		18	
19～22		23		24	

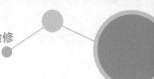

7）在拆卸动力总成的过程中需要借助一些专用工具，请在工具外形图下方填写名称。

外形图	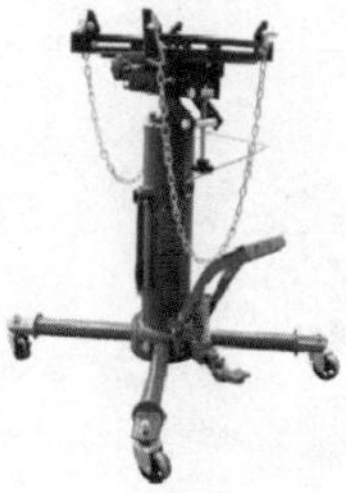	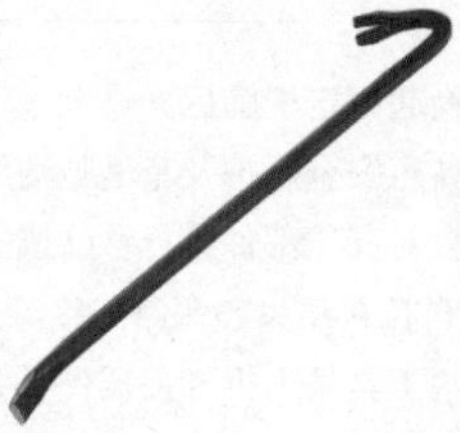		
名称				

三、制订计划　　　　　　　成绩：

1）根据车辆实际的故障现象，制订针对该故障现象的维修作业计划。

① 故障现象描述。根据客户故障现象描述及确认故障现象，本次维修作业任务为：

_____

_____。

② 故障原因分析：_____

_____。

2）请按照故障检测思路，制订维修作业计划。

作业流程		
序　　号	作业项目	操作要点
计划审核	审核意见： 　　　　　　　　　　年　月　日　签字：	

3）请根据维修作业计划，完成小组成员任务分工。

操 作 人		记 录 员	
监 护 人		展 示 员	

作业注意事项

① 实训开始前应摘掉首饰，换上实训服，长发应挽起固定于脑后。

② 严格按照标准完成维修作业前准备工作，注意高压安全防护及车辆整洁维护。

③ 严禁非专业人员或无实训教师在场的情况下私自对高压部件进行移除或安装。

④ 故障诊断排查坚持"安全第一"原则，严禁私自拉接线束、短路连接等违规操作。

⑤ 严格按照实训步骤进行实训任务，严禁使用尖锐工具暴力拆卸接插件、针脚等。

⑥ 爱护诊断、测量工具及设备，轻拿轻放，严禁磕碰或违规使用。

检测设备、工具、材料			
序 号	名 称	数 量	清 点
			□ 已清点
			□ 已清点
			□ 已清点
			□ 已清点
			□ 已清点
			□ 已清点
			□ 已清点
			□ 已清点
			□ 已清点
			□ 已清点
			□ 已清点
			□ 已清点
			□ 已清点
			□ 已清点

四、计划实施	成绩：

1）请完成维修作业前进行现场检查及车辆防护，并记录信息。

① 维修作业前现场环境检查。

	作业内容： 作业结果：

② 维修作业前防护用具检查。

作业内容：

作业结果：

③ 维修作业前仪表工具检查。

作业内容：

作业结果：

④ 维修作业前实施车辆防护。

作业内容：

作业结果：

2）请对整车进行高压断电防护处理，使用举升机举升车辆至作业位置，紧固底盘各总成螺栓。

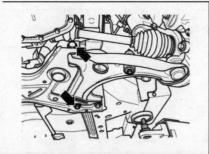

前悬架下摆臂总成固定螺栓	转矩：____ N·m
副车架总成固定螺栓	转矩：____ N·m
驱动系统悬置螺栓	转矩：____ N·m
驱动系统下悬置螺栓	转矩：小号____ N·m
	转矩：中号____ N·m
	转矩：大号____ N·m

3）两人协助完成，一人负责固定一侧的车轮轮胎，另一人正反两个方向转动另一侧的车轮，听减速器和驱动电机连接处有无花键松旷的声音。

作业结果	□无故障	经检查，减速器和驱动电机无异响
	□有故障	经检查，动力总成存在异响现象，需拆卸动力总成做进一步检查

4）请拆卸动力总成，并记录数据。

① 使用冷媒回收充注机回收制冷剂。

冷媒回收充注机高压端软管颜色	
冷媒回收充注机低压端软管颜色	
设定回收剂量	
设定冷媒回收时间	

② 松开散热器冷却液排放开关，排放冷却液。

废液收集盘放置位置	
散热器密封盖的状态	□打开　□关闭
回收的冷却液能否重复使用	□能　□不能
注意事项	

③ 拆卸电机控制器。

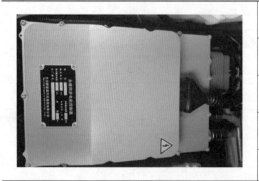

MCU 低压插件拆卸使用工具	
进出水管拆卸方法	
螺钉个数	
拆卸螺钉放置位置	
螺钉拆卸工具	

④ 拆卸 UVW 三相动力线固定卡扣，然后拔掉电机低压控制插件、空调压缩机高低压插件和高低压空调管，拆卸空调压缩机。

UVW 三相动力线卡扣个数	
固定螺栓个数	
螺栓规格	
拆卸工具	

⑤ 拔掉真空罐压力信号线束插件和真空泵的电源插头，断开真空软管，拆卸真空泵和真空罐。

螺栓个数	
螺栓规格	
拆卸工具	

⑥ 释放减速器油，解锁车轮中的六角螺母的锁止机构，拆卸驱动半轴。

使用工具	
螺塞规格	
润滑油收集设备	
放油螺栓拧紧力矩	

解锁工具	
螺母规格	

使用工具	
下支臂球头螺栓规格	
操作注意事项	

⑦ 拆卸驱动电机和减速器总成。

进、出水管拆卸方法	
注意事项	

动力总成下方悬置软垫的固定螺栓个数	
小螺栓规格	
大螺栓规格	
左上方固定螺栓个数	
右上方固定螺栓个数	
螺栓规格	

⑧ 请完成电机和减速器的分离，检查花键轴的损伤情况。

 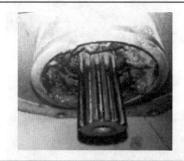

作业结果	□无故障	经检查，电机输出轴的花键和减速器花键正常，无磨损情况。
	□有故障	经检查，_____存在_____现象，需更换恢复。

⑨ 安装按相反顺序进行。

动力总成上方固定螺栓拧紧力矩	
车轮固定螺母拧紧力矩	
加注空调制冷剂设备	
冷却液加注截止位置	

5）请完成整车上电及车辆驾驶操作，以验证故障现象是否解除。

① 记录整车上电仪表信息数据。

点火钥匙位置：□ Start　□ On　□ Acc　□ Lock	
READY 指示灯：□ 熄灭 □ 点亮	续航里程：____ km
档位情况：□ R □ N □ D □ E	动力电池电压值：____ V
仪表显示	提示语：
	故障灯：
故障现象	

② 记录行驶模式下仪表信息数据。

档位情况	□ R　□ N　□ D　□ E
车辆能否正常起动	□ 能　□ 不能
仪表显示	提示语：
	故障灯：
故障现象	

③ 故障验证结论。

结论：

五、质量检查　　　　　成绩：

请实训指导教师检查本组作业结果，并针对实训过程出现的问题提出改进措施及建议。

序　号	评价标准	评价结果
1	检修前场地及设备准备的完善性	
2	故障采集与分析的合理性	
3	工具使用规范	
4	动力总成拆装流程规范	
5	维修完毕车辆可正常行驶	
6	维修完毕恢复场地	
综合评价	☆　☆　☆　☆　☆	
综合评语 （作业问题及改进建议）		

六、评价反馈　　　　　成绩：

请根据自己在实训中的实际表现进行自我反思和自我评价。

自我反思：

　　　　　　　　　　　　　　　　　　　　　　　　　　　　。

自我评价：

　　　　　　　　　　　　　　　　　　　　　　　　　　　　。

实训成绩单

项　目	评价标准	分　值	得　分
接收工作任务	明确工作任务，准确记录客户及车辆信息	5	
信息收集	掌握工作相关知识及操作要点	10	
制订计划	正确完成车辆初步检查与诊断分析	10	
	准确制订故障诊断流程且技术合理可行	5	
计划实施	正确规范完成作业前准备及车辆防护工作	10	
	正确找到底盘各总成螺栓并进行紧固	10	
	正确完成冷媒、冷却液的回收	10	
	正确完成动力总成系统的拆装	10	
	正确完成电机输出轴花键及减速器花键磨损情况的检查	10	
	正确规范完成故障验证环节并记录数据	5	
	正确规范完成维修作业后现场恢复及工具归整	5	
质量检查	按照要求完成相应任务	5	
评价反馈	经验总结到位，合理评价	5	
得分（满分100）			

电动汽车电机故障检修

项目四

实训一　电机控制器过热故障诊断

学院		专业	
姓名		学号	
小组成员		组长姓名	

一、接收工作任务	成绩：

1. 企业工作任务

客户冯刚的工作性质是五金个体经营，业务范围覆盖周边县城。去年购置一辆北汽新能源 EV200 车作为代步工具，今早由于临时紧急业务需处理，冯刚驱车快速往返于60km 外的县城。在返回途中，仪表报"电机及控制器过热"指示灯亮，提示"电机冷却液温度过高"文字，且驱动电机功率表数值逐步降低。

2. 车辆信息登记

维修前务必核查确认车辆身份信息，将工作结果登记在《汽车维修服务有限公司任务委托书》上。

汽车维修服务有限公司任务委托书					
客户名称		联系电话		业务单号	
车辆类型		电机编号		行驶里程	
车牌号码		VIN 码		车辆颜色	
外观检查	（请在有缺陷部位标识"○"）		功能确认	□ 防盗系统　□ 中央门锁 □ 灯光系统　□ 玻璃升降 □ 电动天窗　□ 点烟器 □ 空调系统　□ 电动后视镜 □ 中控系统　□ 刮水清洗	

电量检查		物品确认	□ 贵重物品	□ 灭火器
			□ 随车工具	□ 千斤顶
			□ 随车资料	□ 备胎
			□ 三角警示牌	□ 其他
	SOC 值：_____ 颜色：_____			

序号	作业项目	工　时	收费类型
1	动力系统维修		正常

备注：因客户有急事办理，已为客户提供暂时替代车辆京 E123456。

本人已确认以上内容无误，并愿按上述要求进行维修检测和费用支付。本人已将车内现金、票据以及贵重物品取走。

用户签字：

3. 确认故障现象

1）记录整车上电仪表信息数据。

点火钥匙位置：□ Start　□ On　□ Acc　□ Lock		
READY 指示灯：□ 熄灭　□ 点亮	续航里程：____ km	
档位情况：□ R　□ N　□ D　□ E	动力电池电压值：____ V	
仪表显示	提示语：	
	故障灯：	
故障现象		

2）请利用 BDS 诊断软件读取故障码和驱动电机系统数据流。

故障码	
故障码描述	
MCU 使能命令	
MCU 初始化状态	

A 相 IGBT 模块当前内部温度	____℃	B 相 IGBT 模块当前内部温度	____℃
C 相 IGBT 模块当前内部温度	____℃	驱动电机当前温度	____℃
MCU 当前散热底板温度	____℃		

二、信息收集	成绩：

1）请查阅资料完成驱动电机系统温度保护策略的信息填写。

① 电机温度保护。当电机控制器监测到驱动电机温度传感器显示：＿＿＿≤温度＜＿＿＿时，降功率运行；温度≥140 ℃时，＿＿＿＿＿＿＿至0，即停机。

② 控制器温度保护。当电机控制器监测到散热基板温度为：＿＿＿≤温度＜＿＿＿时，降功率运行；温度≥85℃时，开启＿＿＿＿＿＿＿，即停机。

③ 冷却系统的控制策略当电机控制器监测到驱动电机温度传感器显示：＿＿＿≤温度＜＿＿＿时，冷却风扇低速起动；温度≥＿＿＿时，冷却风扇高速起动；温度降至＿＿＿＿时，冷却风扇停止工作。

当电机控制器监测到散热基板板温度为：温度≥＿＿＿时，冷却风扇低速起动。温度≥＿＿＿时，冷却风扇高速起动；温度降至＿＿＿时，冷却风扇停止工作。

2）请查阅资料完成冷却系统相关信息的填写。

冷却系统由＿＿＿＿＿＿＿＿、＿＿＿＿＿＿＿＿＿组成。冷却液在流经＿＿＿＿＿＿＿等热源时，热源通过＿＿＿＿＿将热量传递给＿＿＿＿＿＿＿，高温冷却液通过电动水泵提供的动力流经＿＿＿＿＿＿＿时，将热量通过＿＿＿＿＿＿＿传递给＿＿＿＿＿＿＿，冷却空气通过＿＿＿＿＿＿＿＿将热量带走，完成换热过程。冷却系统＿＿＿＿＿＿＿与＿＿＿＿＿＿＿由整车VCU控制，散热器风扇同时＿＿＿＿＿＿＿给提供强制冷却风，故散热器风扇运行策略受＿＿＿＿＿＿＿与＿＿＿＿＿＿＿双向控制，两者＿＿＿＿＿＿＿。

三、制订计划	成绩：

1）根据车辆实际的故障现象，制订针对该故障现象的维修作业计划。

① 故障现象描述。根据客户故障现象描述及确认故障现象，本次维修作业任务为：

＿＿＿＿＿＿＿＿＿＿＿＿＿＿＿＿＿＿＿＿＿＿＿＿＿＿＿＿＿＿＿＿＿＿＿＿＿。

② 故障原因分析：＿＿＿＿＿＿＿＿＿＿＿＿＿＿＿＿＿＿＿＿＿＿＿＿＿＿＿＿＿

＿＿＿＿＿＿＿＿＿＿＿＿＿＿＿＿＿＿＿＿＿＿＿＿＿＿＿＿＿＿＿＿＿＿＿＿＿。

2）请按照故障检测思路，制订维修作业计划。

作 业 流 程		
序　　号	作 业 项 目	操 作 要 点
计划审核	审核意见：	
		年　月　日　签字：

3）请根据维修作业计划，完成小组成员任务分工。

操 作 人		记 录 员	
监 护 人		展 示 员	

作业注意事项

① 严格按照标准完成维修作业前准备工作，注意高压安全防护及车辆整洁维护。

② 故障诊断排查坚持"安全第一"原则，严禁私自拉接线束、短路连接等违规操作。

③ 严格按照实训步骤进行实训任务，严禁使用尖锐工具暴力拆卸接插件、针脚等。

④ 爱护诊断、测量工具及设备，轻拿轻放，严禁磕碰及违规使用。

检测设备、工具、材料			
序 号	名 称	数 量	清 点
			□ 已清点
			□ 已清点
			□ 已清点
			□ 已清点
			□ 已清点
			□ 已清点
			□ 已清点
			□ 已清点
			□ 已清点
			□ 已清点
			□ 已清点
			□ 已清点
			□ 已清点
			□ 已清点

四、计划实施	成绩：

1）请完成维修作业前进行现场检查及车辆防护，并记录信息。

① 维修作业前现场环境检查。

作业内容：

作业结果：

② 维修作业前防护用具检查。

作业内容：

作业结果：

③ 维修作业前仪表工具检查。

作业内容：

作业结果：

④ 维修作业前实施车辆防护。

作业内容：

作业结果：

2）目视检查冷却液液位情况及升车检查冷却系统管路连接处状态。

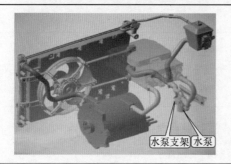

冷却液液位高度：□正常 □高于 MAX □低于 MIN	
副水箱排气管及补水水管连接处：	
驱动电机进水管及出水管连接处：	
电机控制器进水管及出水管连接处：	
散热器进水管及出水管连接处：	
水泵进水管及出水管连接处：	

作业结果	□无故障	经检查，冷却液液位正常、冷却系统管路连接处良好无渗漏现象。
	□有故障	经检查，_____存在_____现象，需维修恢复。

3）请检查风扇供电电路，并记录数据。

低速风扇电源熔丝 SB03：□导通 □断开
低速风扇继电器 ERY03：□导通 □断开
高速风扇电源熔丝 SB02：□导通 □断开
高速风扇继电器 ERY02：□导通 □断开

作业结果	□无故障	经检查，风扇供电电路及运转状态均良好，无故障现象。
	□有故障	经检查，_____存在_____现象，需更换恢复。

4）请检查冷却水泵供电回路及工作状态，并记录数据。

水泵工作声音：□有　□无
水泵供电熔丝 MB02：□导通　□断开
水泵供电继电器 ERY05：□导通　□断开
水泵供电插件正极电压值：_____
水泵供电插件负极搭铁测试：□导通　□断开

作业结果	□无故障	经检查，水泵供电电路及运转状态均良好，无故障现象。
	□有故障	经检查，____存在____现象，需更换恢复。

5）请将冷却液释放，采用压缩空气对散热器、冷却管路、电机控制器进行疏通检查。

散热器检查：□通畅　□堵塞
冷却管路检查：□通畅　□堵塞
电机控制器检查：□通畅　□堵塞

作业结果	□无故障	经检查，冷却系统回路通畅，无堵塞现象。
	□有故障	经检查，____存在____现象，需维修恢复。

6）请完成整车上电及车辆驾驶操作，以验证故障现象是否解除。

① 记录整车上电仪表信息数据。

点火钥匙位置：□ Start □ On □ Acc □ Lock			
READY 指示灯：□ 熄灭 □ 点亮		续航里程：____ km	
档位情况：□ R □ N □ D □ E		动力电池电压值：____ V	
仪表显示	提示语：		
	故障灯：		
故障现象			

② 记录行驶模式下仪表信息数据。

档位情况	□ R □ N □ D □ E	
车辆能否正常起动	□ 能 □ 不能	
仪表显示	提示语：	
	故障灯：	
故障现象		

③ 故障验证结论。

结论：

五、质量检查 | **成绩：**

请实训指导教师检查本组作业结果，并针对实训过程出现的问题提出改进措施及建议。

序　号	评价标准	评价结果
1	检修前场地及设备准备的完善性	
2	正确采集故障现象并进行故障分析	
3	冷却系统故障排查步骤的完整性	
4	维修完毕车辆可正常行驶	
5	维修完毕恢复场地	
综合评价	☆ ☆ ☆ ☆ ☆	
综合评语 （作业问题及改进建议）		

六、评价反馈	成绩：

请根据自己在实训中的实际表现进行自我反思和自我评价。

自我反思： 。

自我评价： 。

实训成绩单

项　目	评价标准	分　值	得　分
接收工作任务	明确工作任务，准确记录客户及车辆信息	5	
	熟练使用 BDS 诊断软件完成数据流查询及故障码读取	10	
信息收集	掌握工作相关知识及操作要点	10	
制订计划	正确完成车辆初步检查与诊断分析	5	
	准确制订故障诊断流程且技术合理可行	5	
计划实施	正确规范完成作业前准备及车辆防护工作	5	
	正确根据故障采集信息完成诊断思路的确定	5	
	正确完成冷却系统连接处状态检查	10	
	正确完成冷却风扇供电回路的检查	10	
	正确完成水泵供电回路的检查	10	
	正确完成冷却系统功能疏通的检查	10	
	正确规范完成维修作业后现场恢复及工具归整	5	
质量检查	按照要求完成相应任务	5	
评价反馈	经验总结到位，合理评价	5	
得分（满分100）			

实训二 电机过热故障诊断

学院		专业	
姓名		学号	
小组成员		组长姓名	

一、接收工作任务   成绩：

1. 企业工作任务

客户冯刚是某公司的一名白领，去年买了北汽新能源 EV200 电动汽车作为代步工具，今早，冯刚照往常一样准备起动车子去上班，但是仪表报驱动电机系统故障，电机冷却液温度过高且电机及控制器过热指示灯点亮，风扇高速运转，变速器置于 D 位车辆不能行驶，室外温度约为 20℃。

2. 车辆信息登记

维修前务必核查确认车辆身份信息，将工作结果登记在《汽车维修服务有限公司任务委托书》上。

汽车维修服务有限公司任务委托书					
客户名称		联系电话		业务单号	
车辆类型		电机编号		行驶里程	
车牌号码		VIN 码		车辆颜色	
外观检查	（请在有缺陷部位标识"○"）	功能确认	□ 防盗系统 / □ 灯光系统 / □ 电动天窗 / □ 空调系统 / □ 中控系统	□ 中央门锁 / □ 玻璃升降 / □ 点烟器 / □ 电动后视镜 / □ 刮水清洗	
电量检查	SOC 值：_____ 颜色：_____	物品确认	□ 贵重物品 / □ 随车工具 / □ 随车资料 / □ 三角警示牌	□ 灭火器 / □ 千斤顶 / □ 备胎 / □ 其他	

序号	作业项目	工　时	收费类型
1	动力系统维修		正常

备注：因客户有急事办理，已为客户提供暂时替代车辆京 E123456。

本人已确认以上内容无误，并愿按上述要求进行维修检测和费用支付。本人已将车内现金、票据以及贵重物品取走。

用户签字：

3. 确认故障现象

1）记录整车上电仪表信息数据。

<table>
<tr><td rowspan="4"></td><td colspan="3">点火钥匙位置：□ Start　□ On　□ Acc　□ Lock</td></tr>
<tr><td colspan="2">READY 指示灯：□ 熄灭　□ 点亮</td><td>续航里程：____ km</td></tr>
<tr><td colspan="2">档位情况：□ R　□ N　□ D　□ E</td><td>动力电池电压值：____ V</td></tr>
<tr><td rowspan="3">仪表显示</td><td colspan="2">提示语：</td></tr>
</table>

	仪表显示	提示语：
		故障灯：
	故障现象	

2）记录行驶模式下仪表信息数据。

	档位情况	□ R　□ N　□ D　□ E
	车辆能否正常起动	□ 能　□ 不能
	仪表显示	提示语：
		故障灯：
	故障现象	

3）请利用 BDS 诊断软件读取故障码和驱动电机系统数据流。

	故障码	
	故障码描述	
	MCU 使能命令	
	MCU 初始化状态	

A 相 IGBT 模块当前内部温度	_____℃	B 相 IGBT 模块当前内部温度	_____℃
C 相 IGBT 模块当前内部温度	_____℃	驱动电机当前温度	_____℃
MCU 当前散热底板温度		_____℃	

二、信息收集	成绩：

1）请查阅资料完成驱动电机系统的信息填写。

电机控制器内部设有温度采集模块，采集_____和_____。

驱动电机的温度传感器检查电机的_____、电阻类型为_____，阻值随温度的上升而_____。

电机过温常见的故障原因为：_____、_____、_____。

2）请查阅相关信息，说明驱动系统温度传感器的信号针脚。

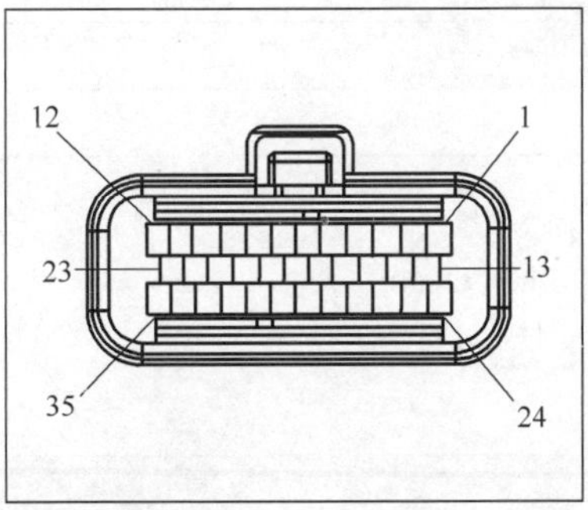

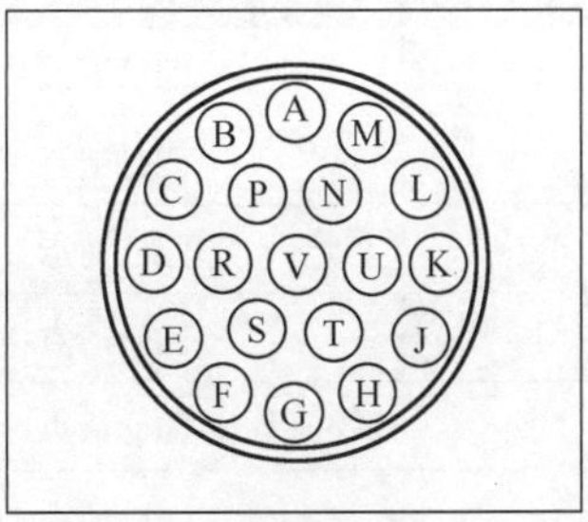

三、制订计划	成绩：

1）根据车辆实际的故障现象，制订针对该故障现象的维修作业计划。

① 故障现象描述。根据客户故障现象描述及确认故障现象，本次维修作业任务为：

_____

② 故障原因分析：_____

2）请按照故障检测思路，制订维修作业计划。

作业流程		
序号	作业项目	操作要点
计划审核	审核意见： 年　月　日　签字：	

3）请根据维修作业计划，完成小组成员任务分工。

操　作　人		记　录　员	
监　护　人		展　示　员	

作业注意事项

① 严格按照标准完成维修作业前准备工作，注意高压安全防护及车辆整洁维护。

② 故障诊断排查坚持"安全第一"原则，严禁私自拉接线束、短路连接等违规操作。

③ 严格按照实训步骤进行实训任务，严禁使用尖锐工具暴力拆卸接插件、针脚等。

④ 爱护诊断、测量工具及设备，轻拿轻放，严禁磕碰及违规使用。

检测设备、工具、材料			
序　号	名　称	数　量	清　点
			□已清点
			□已清点
			□已清点
			□已清点
			□已清点
			□已清点
			□已清点
			□已清点
			□已清点
			□已清点
			□已清点

四、计划实施	成绩：

1）请完成维修作业前进行现场检查及车辆防护，并记录信息。

① 维修作业前现场环境检查。

作业内容：

作业结果：

② 维修作业前防护用具检查。

作业内容：

作业结果：

③ 维修作业前仪表工具检查。

作业内容：

作业结果：

④ 维修作业前实施车辆防护。

作业内容：

作业结果：

2）请进行整车高压断电处理，使用专用检修设备进行电机温度信号回路排查，并记录数据。

① 拆卸电机控制器低压插件，进行排查并记录数据。

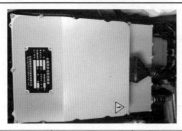

检修设备	
电机控制器低压插件连接情况：□牢固 □松动	
VCU 低压插件连接情况：□牢固 □松动	
电机控制器低压 35PIN 针脚情况：□正常 □退针	
MCU 低压 35PIN 9 和 10 脚阻值测量	

作业结果	□无故障	经检查，驱动系统低压接插件连接完好，针脚正常，数值符合要求。
	□有故障	经检查，_____存在_____现象，需维修恢复。

② 如果阻值正常，请进行故障验证，如果上一步阻值测量存在异常，请进行第二步，拆卸电机低压插件，进行故障排查并记录。

检修设备		
电机低压插件连接情况：□牢固 □松动		
电机低压 19PIN 针脚情况：□正常 □退针		
电机低压控制端 G 脚到 MCU 低压控制端 10 脚导通测试		□导通 □断开
电机低压控制端 H 脚到 MCU 低压控制端 9 脚导通测试		□导通 □断开
电机低压 19PIN 9 脚和 10 脚阻值测量		

作业结果	□无故障	经检查，驱动系统低压接插件连接完好，针脚正常，线束导通，阻值正常。
	□有故障	经检查，_____存在_____现象，需维修恢复。

3）请完成整车高低压接插件恢复，进行整车上电及车辆驾驶操作，以验证故障现象是否解除。

① 记录整车上电仪表信息数据。

	点火钥匙位置：□ Start □On □ Acc □ Lock	
	READY 指示灯：□ 熄灭 □ 点亮	续航里程：____ km
	档位情况：□ R □ N □ D □ E	动力电池电压值：____ V
	仪表显示	提示语：
		故障灯：
	故障现象	

② 记录行驶模式仪表信息数据。

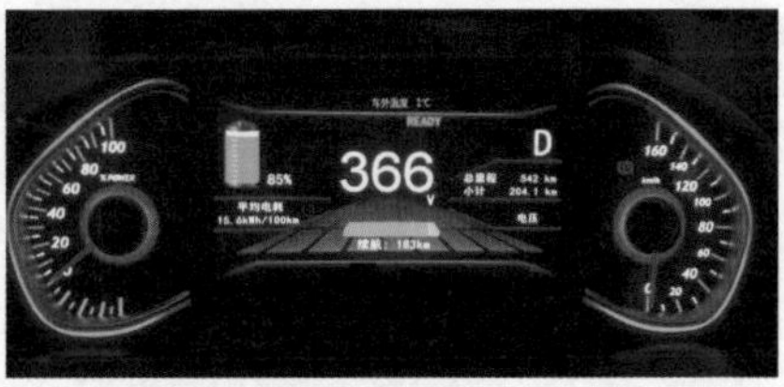

档位情况	□ R □ N □ D □ E
车辆能否正常起动	□ 能 □ 不能
仪表显示	提示语：
	故障灯：
故障现象	

③ 故障验证结论。

结论：

五、质量检查   成绩：

请实训指导教师检查本组作业结果，并针对实训过程出现的问题提出改进措施及建议。

序　号	评 价 标 准	评 价 结 果
1	检修前场地及设备准备的完善性	
2	正确采集故障现象及故障码	
3	驱动电机温度采集模块排查的规范性	
4	维修完毕车辆可正常行驶	
5	维修完毕恢复场地	
综合评价	☆ ☆ ☆ ☆ ☆	
综合评语 （作业问题及改进建议）		

六、评价反馈   成绩：

请根据自己在实训中的实际表现进行自我反思和自我评价。

自我反思：

　　　　　　　　　　　　　　　　　　　　　　　　　　　　　　　。

自我评价：

　　　　　　　　　　　　　　　　　　　　　　　　　　　　　　　。

实训成绩单

项　目	评价标准	分　值	得　分
接收工作任务	明确工作任务，准确记录客户及车辆信息	5	
	熟练使用 BDS 诊断软件完成数据流查询及故障码读取	10	
信息收集	掌握工作相关知识及操作要点	10	
制订计划	正确完成车辆初步检查与诊断分析	5	
	准确制订故障诊断流程且技术合理可行	5	
计划实施	正确规范完成作业前准备及车辆防护工作	5	
	正确根据故障采集信息完成诊断思路的确定	10	
	正确完成电机控制器端温度信号采集故障的排查	10	
	正确完成电机端温度信号采集故障的排查	10	
	正确规范完成故障验证环节并记录数据	10	
	正确规范完成维修作业后现场恢复及工具归整	10	
质量检查	按照要求完成相应任务	5	
评价反馈	经验总结到位，合理评价	5	
得分（满分100）			